U0036112

GAEA

Gaea

楊若暉
楊双子
——作者

少女之愛

Girls' Love

台灣ACG界百合迷文化發展史

2023增修版

推薦序

衷心期盼台灣百合永世盛放

日本社會事業大學約聘講師
台灣文學／比較文學研究者　橋本恭子

首先必須聲明，我對「百合」文化並非特別專精，甚至只是個從二〇一五年版本的《少女之愛》才從頭學起，堪稱新手上路的「百合迷」。回頭想想，進入二〇〇〇年代，日本開始流行百合風潮的先驅《瑪莉亞的凝望》時，我正好在台灣留學，未能躬逢其盛。不只如此，之後又在二〇〇三年回到日本，沒有碰上二〇〇四年的華文圈百合元年。因此，我可以說是正好錯過日台兩地百合風潮正盛的時機。說實在，我自小從母親身上受過類似「百合」的洗禮，她戰前浸淫女子學校滿滿的S（sister、姊妹）文化，又是吉屋信子[1]狂熱的書迷，但我自己沒有主動地接觸

1 吉屋信子（一八九六—一九七三），活躍於一九二〇—一九七〇年代的日本小說家，代表作之一為描述纖細少女們的小說《花物語》。

過百合作品。這樣的我，之所以接下《少女之愛》增補改訂版的「推薦序」，除了因爲我是直接認識作者楊若暉的日本人之一，更因自詡當初我可能是第一個讀到《少女之愛》的日本人。

我專攻日治時期台灣文學，二〇一二年出版博士論文後，將研究主題拓展至戰後台灣文學，特別聚焦於其中的女同志．女性主義文學及相關運動。因爲這個緣故，二〇一五年二月底帶學生到台灣遊學時，正好有機會參加楊若慈、若暉姊妹的出版紀念活動。

活動結束後，楊氏姊妹與她們的盟友郭如梅一起在附近咖啡館接受了我們的訪談。關於百合的話題，學生們懂得比我更詳細，訪談氣氛相當熱烈。那時候，她們說妹妹若暉「感冒了」，途中離席了好幾次，遲遲沒有回來。後來我才知道，當時她的病況已經很嚴重了。就在短短幾個月後的當年六月，我得知她過世的消息時，錯愕得說不出話來。一想到那天所謂的「感冒」，原來只是爲了不讓我們擔心的善意藉口，不由得更感悲戚。

現在我手邊的《少女之愛》，是那天在活動會場購入的版本，上面還留有「楊若暉 2015 年 2 月 27 日」的親筆簽名，筆跡強勁有力。經過了八年歲月，從頭再讀全文，除了當年購入後閱讀時的雀躍之情歷歷在目外，同時也深切感受到，當年她想培育台灣本土特有百合的那份堅強意志，如今在實現的道路上走得更遠。姊姊與盟友新增的「附錄」繼承了她堅強的意志，一心希望看見大朵百合在台灣盛開的三人那近乎焦慮的強烈心願，將二〇一五年版的《少女之愛》與二〇二三年版的《少女之愛》緊緊相繫。作爲百合文化發祥地的日本讀者，無法不深受感動。

八年前，台灣的漫畫產業尚未充分發展，日本漫畫依然席捲市場。楊若暉想要改變這個狀況，在知道自己時間所剩不多的情形下，想必傾盡了全力。幸好，台灣的漫畫產業除了創作者與讀者的努力外，政府也重視培植，這幾年呈現令人驚艷的發展，甚至成長到在歐洲最大的安古蘭國際漫畫節中獲得高度評價。陸續也有台灣漫畫家得到日本國際漫畫獎及京都國際漫畫獎，作品也出版了日語版。楊若慈以筆名楊双子擔任原作、星期一回收日負責漫畫的百合漫畫《綺譚花物語》，也於二〇二二年秋天在日本發行，充滿著台灣特色的獨特風格，掀起一陣話題。此外，若暉與若慈聯手開創的「歷史百合」類型亦有很大成長。楊双子的長篇小說《台灣漫遊錄》於二〇二三年四月發行日語版（《台湾鉄道のふたり》三浦裕子翻譯、中央公論新社出版）創下驚人的銷售量，更前所未見地在極短時間內決定第三刷了。

支持台灣漫畫的X（卽原本的 twitter）帳號「あうしぃ@台湾漫画」推主あうしぃ不只推廣台灣漫畫相關資訊，也和《綺譚花物語》等台灣漫畫作品的譯者黑木夏兒共同合作，定期舉辦介紹台灣百合作品的座談活動，我曾應邀以來賓身分出席兩次。另外，專門販售海外漫畫的大阪書房咖啡廳「書肆喫茶 Mori」的店主森﨑雅世小姐，也在自己的 YouTube 頻道上多次介紹過《綺譚花物語》。

藉著二〇二三年版《少女之愛》在台灣出版的機會，衷心希望日語版有朝一日也能發行。這是因爲，日本的百合文化不只在華文圈有著出人意料的發展，於各地展現獨有的特色，更文化逆輸入回日本。此時此刻，我們必須從歷史角度俯瞰這點。本書發行日語版的條件已是水到渠成。回顧過去，就在《少女之愛》於台灣付梓前不久，日本雜誌《ユリイカ》（Eureka）（二〇一四年十二月號）做了名爲「百合文化的現在」專題，其中列舉的參考文獻中，竟絲毫不見百合文化專業書籍。直到現在，除了一本英語研究書外，亦尚未出現正式的相關書籍。百合創作興盛之餘，相關研究卻絕對稱不上充分。正因現況如此，本書對日本讀者而言，肯定更具有重大意義。

儘管是將日本的「百合」文化放在台灣．華文圈這個異文化圈中檢視，本書的特徵在於不僅止於單純的受容研究，更透過具創造性及批判性的解讀，得出日本人意想不到的觀點，完成了出色的比較文化論。例如在日本也經過反覆議論的「百合的定義」，書中除了追溯歷史，更比對華文圈對此一名詞的解釋，藉此明確定義之後，以華文圈百合迷交流平台「百合會論壇」爲起點，追蹤日本百合文化之流通及百合文化在各地的發展，透過詳細的作品分析，從女性主義的角度指出百合文化的可能性及其所受的限制。楊若暉的研究無論時間或空間範圍都很廣泛，單就這一點來看，在過去日本的百合研究中從未見過，也可說是只有她才能完成的出色成就。

此外，在此一超越國境的百合文化流行現象中，看得出來根柢依然有著東亞共通的父權制度與男性霸權主義等深層結構，同時女性們也渴求著建構自我主體性。然而同時，値得一提的是，書中指出卽使百合文化有著反抗傳統社會的部分，但也有其極限，頂多只能成爲女性對眼前困境的現實逃避。這在魔法少女系動漫中也可看到類似的深層結構，以少女爲主角的戰鬥冒險故事裡，卽使描述「女性拯救世界」的情節超越傳統性別的刻板印象，在作品中與現實中一樣男女平權的和諧社會迄今仍未眞正到來，少女的戰鬥靠的不是自身能力，而只能依靠魔法凌虛御風，從這裡就可看出實際女性與魔法少女兩者面臨同樣的限制。只是，儘管性別刻板印象和異性戀規範強大得無法輕易克服，楊若暉直到最後都沒有放棄希望。

她將希望寄託在姊姊楊若慈（楊双子）與盟友郭如梅身上，而這兩人爲本書撰寫的長達五十頁的「附錄」中，便提及了八年來台灣百合文化的大幅成長。面對女性身處的嚴苛現實，要如何將難以克服的性別平等課題與具有娛樂要素的大衆文化「百合」結合呢？繼承了這個設問的楊若慈／楊双子認爲，在性別平等上較諸東亞他國更爲進步的台灣，百合文化有望培育出更豐富的彈性，走出有別於原產地日本及其他華文圈的路子。爲此，不能重蹈過去台灣GL小說過度拘泥「愛情框架」，除了核心迷群外無法拓展更多讀者，就此一路衰退的覆轍。楊双子呼籲，「嘗試各種各樣的主題（如飲食、競技、音樂、露營、偶像），多所取徑其他類型元素（如科幻、奇幻、推理、靈異、歷史）的百合創作者與百合作品」（本書二八三頁），藉此使百合文化內涵擴充以後的多元性現況。

楊双子亦從台灣國際地位及文化地位的低落指出台灣身處的文化殖民狀況，其實，在她這種批判中，我們仍就可窺見一九九〇年代後，伴隨後殖民主義發展起來的部分台灣第三波女性主義思想。在台灣，從日治時期以來，經常將台灣的主體性與女性的主體性重疊討論，女性更爲了從「殖民者、資本家、父權」的三重支配中獲得解脫而奮鬥，不單只是追求脫離父權制度。最楊双子自身也展現了鮮明的後殖民、女性主義意識，這可視爲是她提倡「歷史百合」的起點。典型的例子，卽是她在《台灣漫遊錄》中除了父權制度外，也對日本的台灣殖民支配提出強烈批判。這對日本讀者而言本該是刺耳的言論，作品卻仍在日本受到狂熱的歡迎。顯見日本的百合讀者或許已有意識上的覺醒，認爲女性的主體性與日本的去帝國化必須同時進行。日本讀者根本不追求的不單只是表面上的「親日台灣」的百合物語，更卻眞摯地接受了楊双子提出的就爲坦誠的日台新關係。楊双子的「歷史百合」，是只有在台灣這塊土地上才生長得出的新品種百合，今後也會繼續把這日本看不到的美麗花容傳送到我們面前吧。

在日本的次文化領域中，從BL到GL／百合等超出異性戀規範的內容產物發展甚早。然而，現實社會中的性別平等卻還有很長一段路要走，至今連同性婚姻也幾乎未有著落。虛構與現實之間的落差究竟該如何弭平，虛構與現實又該用什麼樣的方式結合，爲了解決這個課題，日本的讀者需要的是外來視角。二〇二三年版的《少女之愛》對台灣百合迷而言當然是個好消息，同時我也迫切希望本書日本版能盡快問世。無論是作品還是研究，日本讀者都引頸企盼著台灣百合的盛開。（本文翻譯：邱香凝）

推薦序

二子、三重、四翼——關於《少女之愛》的備忘錄

世新大學性別研究所教授、作家　洪凌

首次與若暉、若慈見面時，在一個忘記名字的咖啡館，快樂聊談「少女」的概念、「少女」認同／慾望「少女」，以及若暉即將啟動的碩論計劃。

若暉的碩論完成之後，此本作品轉化爲美妙的書本。在前兩次的版本爲之寫推薦文字時，我不由得回溯性地設想，在一組既是想成爲，亦同時欲求對方的相似同類（the similar, the familiar）之間，最適合的字應該就是兩者共享的筆名之「双子」吧。一開始想到的，無非是百合類型最重要的質感：相像的二者，兩個「又」組成的「既是…且是」，介於（in-between）擁有與成爲的「雙向重疊」。再者，不用筆畫更繁複的「雙」、而是「双」加上「子」，在字型、表意與造就的句法（syntax），扣合著數種重要的百合設定：從「兩個年輕的女孩」、「兩者一樣的並置（二合一）」、「一個整體包含兩者（一化二）」。而且，最有意思的是，無論從前面看或後面看，

組成「双」的兩個最小單位（字元）是一模一樣的。

除了奠定作品類型的要件，「兩者」的共與同也包括了既是熱愛的讀者，也是戮力的寫作者。在百合（與類似的圈子），閱讀與創作的兩者也是「双」；更後設地說，並非止於常態想像的「作品被讀者所閱讀」，同時是「閱讀的意念催生了作品」。如此，在《少女之愛》當中，讀者看到了作者們共時且「共食」兩朵形態相像的花朵，從花瓣、花蕊、內裡的根莖，都在「二重合一、一化爲二」的前提，綻放出專屬於此筆名所暗喻與象徵的活色生香。

然而，在過去的十年（或以「百合會論壇」成立爲起點的二十年），論述與創作的愈發蓬勃，也在定義層面掀起了組裝原件的差異。最廣義的集合，將百合視爲三重奏：以兩位主角（在爲數不多的例子當中，也會有兩位以上）的情感爲基礎，既是複雜曖昧的情誼，也可以是坦然的戀愛，更是納入了熾烈的情色元素。或者，以作品集體爲比喻，構成「百合」的裝置是由書寫、閱讀、評論的三重性相互關涉、無分順序地聯動，像是生物系統的三個物種（species）組成的屬（genus）——亦即，三種位置構築了類型（genre）層面的廣義百合。在此，讀者們可參考本書以X軸與Y軸形成的不同界定描述。我會想補充的是，在百合從兩個相像者發展「情、愛、欲」的三連環之間／之外，如此的「三重性」打破了双双成對的強制單偶浪漫愛結構，也讓故事的角色們不必然非得是陰性特質的年少女子（feminine girls）。

最後，我想呼應作者們在本書新增的數篇文章所提及的呼籲（類型雜種的推坑），尤其是在〈「愛情框架」做爲一種困境：關於百合創作的幾點思考〉的擴增—疊合可能性。將百合（ＧＬ、女女）視爲純粹的愛情與情色書寫，並非有所缺憾，不過晚近的一些作品興起，癥結與特色正是看似大相徑庭類型作品之間的密接與媾合。

舉兩部在這幾年既被視爲科幻、也具備充沛的百合質素的小說爲例：在「泰斯凱蘭二部曲」（*Teixcalaan duology*，包括《名爲帝國的記憶》與後傳《名爲和平的荒蕪》），一般（正典）的評論系統通常稱爲具有塞薄叛客（cyberpunk）、批判（古老）帝國與從屬邊陲關係的科幻小說，但許多讀者（尤其爲數甚多的二創作者）最爲喜愛的是二部曲當中鮮明亮眼的ＧＬ情慾與百合曖昧（以及多重伴侶、多種性/別、共享記憶與欲念交換等主題）。出版於二〇一九年，近來在不同領域掀起推薦熱潮、大放異彩的《這就是你何以輸掉時間戰爭》（*This is How You Lose the Time War*），亦是此混雜種類的代表。以敵對帝國的兩位使者（間諜）爲主角，在往返爭戰於多重宇宙、更改歷史終局與大敍述時，名爲紅（Red）與藍（Blue）的調情、慾望、愛意，以及「自古紅藍出ＣＰ」的情趣，透過彼此傳遞的訊息（小敍事）改寫了類型屬性。此書一方面是「置放百合—ＧＬ元素的時間戰爭主題之科幻小說」，但同樣貼切的定調是「以時間戰爭、對立帝國競逐之科幻元素爲套件的百合—ＧＬ小說」！

以我自己在觀賞過程、坦率認定這是「置入以魔怪奇幻與格鬥元素的百合漫畫」作品《獵魔戰記》（*Claymore*，又譯爲《大劍》）爲譬喻：最主要的雙主角，就是行話稱呼的「百合雙女主」。最後的結尾，讓兩名亦妖魔亦人類的「双重」主角轉化爲最終形貌，亦即作者設定的「双子女神」。她們永恆同在的樣態，由彼此背後的羽翼爲鏈接（情慾）節點。這四隻（兩双）翅膀，意象鮮烈地再現百合類型的「內部三重奏」與之外的她者類型介入；她們既可謂双双成對，但也可視爲三合一的「百合—GL—女女」框架與外於羅曼史的魔幻／幻設類型的雙股結合。

走筆至今，從初識若暉若慈至今，約有十二年，此書與作者們也經歷了許多。推薦最新版本的本書，讓我這個既是百合愛好者、評論者，以及（將定義推到最大圈的邊界）偶爾的創作題材挪用者，如同傾聽歌德樂團《黑百合姊妹》、品嚐星火百合香味的頂級快感啊。願此書激生出更多的百合次類型，在双子們的庭園盛開。

推薦序

花季未了，純粹永存

國立中興大學台灣文學與跨國文化研究所優聘副教授　陳國偉

那時候，楊双子還沒有名字。

精確地說，楊双子這個名字還沒有正式誕生。

那是二〇一〇年，雙胞胎妹妹的楊若暉進入碩士班就讀，決定以百合迷群作爲研究對象，兩年之後完成了碩士論文，隨卽自費出版爲《少女的庭園：台灣百合文化史》，希望播下百合研究的種子，直到以《少女之愛：台灣動漫畫領域中的百合文化》之名於獨立作家出版，將此研究更明確定錨於ＡＣＧ的相關領域，也讓整部著作學術的性格更爲明顯。

但後來我才知道，若暉之所以毅然決然地選擇百合作爲碩士論文的主題，其實我無意中扮演了推手的角色。因爲在二〇〇九年的秋天，她曾經一度跟隨姊姊若慈的腳步，報考了中興台文所，在面試的場合中，我閱讀到了她附在報考資料中一篇關於百合議題的報告，備覺驚艷，於是詢問了她爲何不以此作爲應試的研究計畫主題。後來若暉因緣際會回歸中興歷史所就讀，但也就此開啟了她探究百合迷群發展的研究軌跡。

而我也還記得，當初有幸擔任她碩士論文的口試委員，成爲最初閱讀她苦心孤詣研究成果的讀者之一時，遭遇到的震撼。因爲根據一直以來的理解，我們基本上都還是認爲百合讀者主要應該是男性；但若暉根據自己的考察，大膽地提出其實是以女性作爲主體的研究結果，可說是徹底地顛覆了我們的認知。而且雖然因爲她身體的因素，論文撰寫的時間較短，但她卻同時對於網路迷群的研究，以及華文百合文化的歷史梳理，都作出了重要的學術貢獻，這是更難得而讓人敬佩的。而從二〇二三年的今日回頭來看，她當初作出來的學術判斷，也可說具有了高度的預言性，這也讓《少女之愛：台灣ＡＣＧ界百合迷文化發展史》的增訂版，有了重要的重版出來意義。

然而另一個更爲重要的意義在於，正因爲若暉的百合研究基礎，孕育了後來作家「楊双子」的誕生。在若暉離開之後，原本已經經營其他創作路線的若慈，決定繼承妹妹的志業，全心投入百合文學的拓墾，而陸續完成從《花開時節》到《台灣漫遊錄》一系列精彩且具開創性的文學創作，成爲台灣獨樹一格的百合歷史小說家。甚至在這本《少女之愛》增訂版中，也加入了楊双子以研究者身分，所撰寫的台灣百合文化後續發展研究與觀察，讓這部著作在百合文學已經發展到一定程度的今天，能夠呈現更爲完整的論述。

當然，這幾年下來，關於楊双子的起源故事，相信大家已經很熟悉了。可是作爲親歷過「前」楊双子時期，若暉精彩生命的見證者，我總是希望，構成楊双子作家身分中重要的若暉的那個部分，也應該要被大家深刻地記得。而透過《少女之愛》的重新面世，的確再次提醒了我們，要不是若暉毅然而然地投入百合研究，今天的楊双子，可能不會是大家所看到的面貌。

而也許當代的台灣文學，將會少了這許多的精彩。

而這也是《少女之愛：台灣ＡＣＧ界百合迷文化發展史》一書在專業領域學術意義之外，對於台灣文學史的當代形構而言，同樣不該被忽略的意義。

自序

本書脫胎自我的碩士論文《台灣ACG界百合迷文化發展史研究（1992-2011）》，然而話說從頭，最初觸發我從事百合迷文化研究的契機，卻是我尚未就讀研究所之前，我在網路論壇上看到的一場百合論戰，當時快意寫就了一篇〈試析腐女現象與百合文化〉，還在網路上打了一通嘴砲，沒料到日後我竟以此文爲基礎，寫成了一本碩士論文。

此次出版爲專書，在內容上略有增補，時間斷限也拉長到二〇一二年爲止。從碩論到專書，這本書自始至終的目的都是爲了成就百合迷文化而作，我心心念念的目標讀者並不是學術領域的研究者，而是同爲百合控的百合迷群們。

對我而言，這本書的出版就像是一朵百合花開，願她的芬芳遠播，普天百合控皆能共享。

本書的完成要感謝許多學術界的師長與夥伴：我的指導教授吳政憲老師，口試委員陳國偉老師、李衣雲老師，以及洪凌老師、王明珂老師。嚴茹惠學姊、雷士偉、郭如梅、陳晨、陳雅玲、莊怡文、莊雅惠、鄭心慧、林瓊琳。同時要感謝幾位協助我收集資料的網友：巴黎街頭藝人、廢死、Siyeclover、Woo、罐頭、海藍紫，以及開拓動漫祭籌備委員會。

特別需要感謝的則是孿生姊姊楊若慈，這本書雖然由我執筆，但可說是我倆的共同作品。

楊若暉
2015.2.27

＊本文原收錄於《少女的庭園：台灣百合文化史》（2014，白象文化），此書為自費出版品，於同人誌販售會售罄絕版

新版代序

我們為何持續訴說關於百合的那些事情？

楊若慈

本書最爲人所知的版本，是二〇一五年於獨立作家出版的《少女之愛：台灣動漫畫領域中的百合文化》，時至二〇二二年合約到期絕版。比較罕爲人知的是，在這之前我們曾經以《少女的庭園：台灣百合文化史》之名自費出版同一本書，二〇一四年初於同人誌販售會場上少量販售。倘若加上本書的前身，亦即若暉二〇一二年發表的碩士論文《台灣ACG界百合迷文化發展史研究（1992-2011）》，那麼如今二〇二三年的蓋亞新版，便是本書的第四個版本。以時間點而言，本書的第一個版本到第四個版本，已經相距十年之久。

那麼時至今日，爲什麼我們決定重新出版這部專書？

按本書論述，二〇〇四年爲華文圈透過網路接收日本百合文化的「華文圈百合元年」，迄今百合文化在台受容已經屆滿二十年。二十年的時光，足令「百合」一詞隨著次文化茁壯而外溢，以致這個詞彙不僅停留於ACG界（二次元動漫遊戲小說領域之泛稱），當今華文圈亦有人用於指稱現實世界的女同性戀者與女同性戀關係。

不但如此，百合文化的內涵在本書初稿完成以降不斷擴充與變化，也隨著日本、中國、台灣的文化匯流誕生新興的衍生詞彙。比如百合核心迷群的性別、性傾向之組成比例，隨著文化潛規則的變動而日漸檯面化與明朗化；比如爲了進一步區別百合作品之間的內容差異，「輕百合」、「眞百合」、「重百合」等詞彙隨之面世；也比如台灣通過同性婚姻專法，促成台灣成爲亞洲百合文化圈（日本、中國、韓國）裡走在性別議題最前沿的國家，格外突顯台灣本土百合文化的獨有背景。這些都是本書當年未能著手處理的主題，遺憾的是，百合文化發展史雖然不斷推進，卻尚未催生新世代的百合研究專書。

二〇一四年若暉自言本書的出版目的，在於與百合迷群同樂，實際亦是以書化身一朵綻放之花，傳播百合芬芳。十年後回首更能確知，本書也如百合花種，以一己之身記錄迅速起滅的迷群文化演化過程。ＡＣＧ界當中，特別是百合迷群間討論百合定義，十之五六必然想起本書，並且將本書作爲基礎，得以開展更新進的文化觀點與論述，無需反覆重述起源——就此而言，本書也是一支火炬。二〇一五年癌逝的若暉已無從再爲百合文化發展新增論述，卻永恆爲迷群保留著一朵盛放如花的艷焰，隨時等候另一支火炬前來接火。

寄望本書作爲火炬，正是我們在二〇二三年更名再版《少女之愛：台灣ＡＣＧ界百合迷文化發展史》二〇二三年增訂版的主因。

那麼，各個版本的差異何在？

若暉的碩士論文原將研究對象之時間斷限放在二〇一一年，而《少女的庭園：台灣百合文化史》（2014）透過增補資料，將時間拉長至二〇一二年。到了《少女之愛：台灣動漫畫領域中的百合文化》（2015），再添增一筆台灣首屆百合 Only 同人誌販售會（2014）的問卷調查結果。相比先前兩本，《少女之愛：台灣ＡＣＧ界百合迷文化發展史》二〇二三年增訂版則新增四篇論述性文章列入附錄，合計近二萬字，作為對原書的補充。

四篇文章為本書附錄五至附錄八，依序是首篇〈少女啊，要胸懷百合！——台灣百合同人文化的初步觀察〉，落筆於二〇一六年並收錄在《動漫社會學：本本的誕生》（奇異果文創，2016），聚焦台灣百合同人文化的發展歷程，說明同人文化如何可能促進百合文化的在地化。

第二、三篇〈百合是趨勢：立足二〇二〇年的台灣百合文化回顧與遠望〉與〈叛逆的百年物語——「百合」、「S關係」與「女同性戀」〉，皆是二〇二〇年因應雜誌《CCC 創作集 Vol.24：百合花開時》（蓋亞，2020）專題而生的文章，前者重點式梳理台灣百合文化歷來關鍵現象與議題，後者由在日研究者郭如梅小姐執筆，細緻扼要地指出百合文化原生地日本百年來的起源與發展，並為本次收錄而特意修訂標題以及補充最新研究所得。

最末篇〈「愛情框架」作爲一種困境：關於百合創作的幾點思考〉則爲本書新版而撰寫，試圖以專職百合小說創作者與資深百合文化研究者的身分，尋求與回應百合文化本土創作的可能路徑。

總的來說，新增四篇附錄文章用於補充同人文化、發展近況、日台對照與本土創作等面向，企望《少女之愛：台灣ＡＣＧ界百合迷文化發展史》二〇二三年增訂版一書得以在若暉逝世之後，仍有助於台灣ＡＣＧ界百合迷文化的拓展與前行。落實到可操作的具體層面，我們期許本書足令百合迷群找到定義共識的最大公約數，從而可以盡情創作與閱聽百合作品，同時也希冀本書能夠成爲下一代研究者的學術礎石，由此再爲百合迷文化撐開更寬廣的討論空間。

所以我們爲何持續訴說「百合」？

百合跟女同性戀的差異是什麼，百合的內涵變化爲何，百合迷群都是哪些人，百合文化蘊含的性別議題與社會意義又是什麼，回答上述這些問題對這個世界有幫助嗎？——這些問題能否完美答覆，對於迷群來說是次要的。最重要的是，百合作爲精神食糧，缺糧便必須產糧，產糧大業獨木難支，需要八方來援。假設百合的敘事性作品是主糧，那麼本書就是產糧的肥料。本書獻給百合迷群，始終如一。

特別鳴謝至今爲止支持楊双子姊妹的所有師長親友夥伴同志，請允許我再次列表：吳政憲老師、陳國偉老師、李衣雲老師、洪凌老師、王明珂老師、嚴茹惠學姊、雷士偉、郭如梅、陳晨、陳雅玲、莊怡文、莊雅惠、鄭心慧、林瓊琳，網友巴黎街頭藝人、廢死、Siyeclover、Woo、罐頭、海藍紫，以及開拓動漫祭籌備委員會。

在此格外向郭如梅致意。如梅十餘年前便是我們的百合友志，若暉過世以後，如梅是我所見致力發展學術專業百合論述的台灣第一人。本次新版重出，如梅的慨然相助並不僅止於提供一篇優秀文章，還包括歷來的跨海線上通話，我們的私人閒聊總在最後談成百合文化研討會，個人至為感謝。

早先與獨立作家出版社終結合約，獨立作家大器應允，令我心懷感佩。本書絕版一年，而後幸蒙蓋亞出版社與出版部總編輯沈育如小姐的厚愛，不但本書得以再版重出，並且多次信件往復，以期本書比此前版本更加出色，這份用心尤其使我深切感激。

最後，感謝所有拿起這本書的讀者。唯有讀者的閱讀，本書方得圓滿。

本書是若暉遺作，本次出版特意加註她生前未有緣分使用的筆名「楊双子」，以茲紀念。願双子並肩，我們還是永遠的寫作夥伴。

二〇二三年春天於永和住處

少女之愛

目次

少女之愛

目次

第一章

導論

第一節

台灣社會向來對動漫畫閱聽人有刻板印象，普遍認爲動漫畫是青少年讀物，甚或是兒童讀物，並認爲閱聽人以男性居多。對更加具有狂熱態度的動漫迷（fan），大眾傳媒近來開始以「御宅族」、「宅男」來形容男性迷群，亦常以「腐女」統稱女性迷群，這類被傳媒誤用的專有名詞，肇因於台灣社會對於動漫畫次文化的輕慢以及不瞭解。

在台灣提到動漫迷，不接觸動漫畫的群眾很容易聯想到一些關於此類迷群的相關報導，譬如一年一度的漫畫博覽會，開幕前一天晚上的大排長龍景象，或成群結隊妝扮成各式動漫畫人物的角色扮演玩家（cosplayer），以及經常見報的迷群心目中的年度盛事：一年兩度的ＣＷＴ[1]與

1 台灣第一個以商業規模展開的定期同人販售會，是台灣捷比漫畫便利屋與日本艾斯泰諾（ＳＥ）於一九九七年十月合作舉辦「ＣＷ」（Comic World）系列活動。至二〇三年三月，前身為捷比漫畫的『台灣同人誌科技股份有限公司』舉辦第一屆『Comic World Taiwan』（ＣＷＴ）。參照陳仲偉著，逢甲大學庶民文化研究中心，台灣動漫畫推廣協會主編，《台灣漫畫年鑑：對漫畫文化發展的另一種思考》（台北：杜葳廣告股份有限公司，2008），頁 162-184。

FF[2]等大型同人誌販售會，其入場人次數以萬計。雖然欠缺具體的調查數據，但已粗略可知台灣的動漫畫迷群之龐大，然而台灣社會對於數量龐大的動漫畫迷群，卻只在一年數次的書展、販售會舉辦之際，才有少數的傳媒給予小篇幅的報導，並且很少針對動漫畫迷群有進一步的認識。事實上，不僅大眾傳媒對動漫畫次文化不甚理解，台灣學術界亦對此項已在社會上蔚爲流行的次文化動向及其形成脈絡甚少關注，特別是針對迷群（fan）以及迷文化（fan cultures）的研究尤其匱乏。先行研究者陳仲偉卽指出：

> 台灣既有的漫畫史一直忽略掉迷文化的重要性，而將焦點一直放在漫畫家與出版社上，而以往學術界對迷文化的討論集中於認同，這種討論也常在漫畫上看到，所以漫畫迷文化在學界中又常常會跟認同日本漫畫、哈日相關。[3]

縱觀學界現行研究狀況，除了以個別漫畫家或出版社發展情形爲主要研究對象之外，從文化分析角度切入者，多半側重日本漫畫對台灣漫畫及其迷群之影響，以及其中的文化認同問題，而非以迷文化爲主體，進行迷群及迷文化內涵的爬梳與論述。

誠然，以今日研究台灣漫畫問題的角度而言，絕不能忽略日本動漫畫對台灣動漫畫界的影響力，尤其現今台灣廣爲流傳的漫畫絕大多數是日本漫畫，而台灣本土漫畫產業卻極其衰敗，更是探討台灣本土漫畫時，勢必需要討論日本漫畫的主因。另一方面無可否認的事實是，台灣漫畫的衰微與日本漫畫的流行確有其因果關係——事實上，已有學者從歷史角度觀察台灣漫畫史發展，針對政治政策對台灣漫畫產業的影響作爲研究主題，指出一九六〇年代的漫畫審查制度重創台灣漫畫根基，導致台灣本土漫畫的消費市場遭日本進口／盜版漫畫所吸收，且至今仍由日本漫畫所壟斷的現況。[4]

2 「二〇〇二年十月，台灣動漫畫推廣協會主辦第一屆『開拓動漫祭 Fancy Frontier』」。此活動在台灣漫畫界被簡稱為「ＦＦ」。參照陳仲偉著，逢甲大學庶民文化研究中心，台灣動漫畫推廣協會主編，《台灣漫畫年鑑：對漫畫文化發展的另一種思考》，頁 182。

3 參照陳仲偉著，逢甲大學庶民文化研究中心，台灣動漫畫推廣協會主編，《台灣漫畫文化史：從文化史的角度看台灣漫畫的興衰》（台北：杜葳廣告股份有限公司，2006）頁 128-129。

4 參照洪德麟，《台灣漫畫四十年初探（1949-1993）》（台北：時報文化，1994）；李衣雲，〈斷裂與再生—對台灣漫畫生產的初探〉（台北：國立台灣大學社會學研究所碩士論文，1996）；洪德麟編著，《風城臺灣漫畫五十年》（新竹：竹市文化，1999）；黃靖嵐，〈「帝國」的浮現與逸出：日本漫畫產業於台灣的「全球在地化」實踐〉（台中：東海大學社會學系碩士論文，2007）。

然而，整體而言，現有的研究成果仍有不足之處。

第一，多以漫畫文化研究爲主，而忽略所謂的動漫畫次文化所包含在內的其他文本。事實上在「動漫迷」之間，所謂的動漫畫次文化，多是以「ACG」[5]的概念與範圍來進行定義，但包含動畫、遊戲、輕小說在內的文本卻極罕爲學界研究列入討論，當然此乃受限於台灣ACG界僅有漫畫產業稍有規模的客觀事實[6]而不得不然，但整體ACG次文化研究過於偏重於漫畫，也將導致無法全面性地闡明次文化的成形狀況。

第二，現有研究成果多半著重個案研究，並偏重漫畫文本及漫畫家的分析，當台灣漫畫界中勢力相對薄弱的本土漫畫及漫畫家也逐漸有學者進行研究之際，對於凝聚迷群龐大能量而產生的ACG迷文化，脈絡完整的相關研究則還相當稀少，突顯台灣ACG研究版圖仍有需要補足的區塊。

第三，學界對台灣ACG次文化現象的研究方向，仍以日本動漫畫對台灣動漫文化影響爲主。過於重視文化鏈的發源端，而忽視迷群在接受外來文化之時所具備的能動性（agency），亦即在迷文化成形過程中迷群所發揮的力量，以致於不能解釋台灣ACG迷文化凝聚成形的發展狀況。

第四，罕有研究者在歷史脈絡之中梳理台灣ACG迷文化發展狀況，致使迷文化發展史缺之一個連續性的觀察角度。

本書卽意圖彌補先行研究之不足，嘗試針對個別迷文化的發展脈絡進行討論分析，爲學術界的ＡＣＧ迷文化研究盡拋磚引玉之力，然而與此同時，筆者作爲一名女性ＡＣＧ迷，希望進一步將研究重點收束在社會大衆、甚至ＡＣＧ界成員亦經常忽視的ＡＣＧ女性迷群身上，試著整理出由女性迷群所推動的迷文化的生成脈絡，並探討迷文化如何反映女性迷群的價値觀。

以女性迷群爲主要組成份子的ＡＣＧ迷文化，最爲人所知的乃是「ＢＬ」迷文化。「ＢＬ」

---

5 對於新興的次文化，網路百科全書「維基百科」頗能顯示次文化迷群的共識，參照《維基百科》〈ＡＣＧ〉條目：「ＡＣＧ即 Animations、Comics and Games 的縮寫，一般不翻譯，如果翻譯會譯為「動漫遊戲」、「二次元」或譯作「動漫遊」，為華人地區常用之次文化詞彙，特指來自日本的動漫和電子遊戲（這裡的電子遊戲多指美少女遊戲）。（中略）在輕小說改編的動畫、漫畫、遊戲越來越多之際，又衍生出「ＡＣＧＮ」〔Ｎ＝Novels，小說。主要指輕小說（Light Novel）〕。現在ＡＣＧ所指內容也涵蓋輕小說，因此雖有人提出使用ＡＣＧＮ作為該詞的演進說法，但實際上絕大多數場合仍在使用ＡＣＧ。」（來源：http://zh.wikipedia.org/wiki/ACG），網頁瀏覽日期為2013.11.15。

6 台灣自製動畫僅有零星作品，台灣自製遊戲稍具規模，卻與台灣ＡＣＧ迷群有脫鉤狀況，台灣輕小說則尚在起步階段，三者皆無法稱之為產業，更枉論迷文化的凝聚成形。

是一種以男性之間的情誼（Boys' Love）[7]作爲主題訴求的文類。台灣現階段少數對於ＡＣＧ迷文化的研究，即有許多是偏向ＢＬ迷群閱聽行爲此一層面的探討，[8]惟對於台灣ＢＬ迷群與迷文化的發展脈絡仍較無著墨。然而與ＢＬ相對，以女性之間的情誼（百合／ＧＬ）[9]作爲主題訴求的「百合」迷文化及其迷群，卻完全沒有相關研究。更甚者，百合迷文化經常爲其他ＡＣＧ迷群誤解，認爲百合迷群應以男性爲主，女性迷群的存在遂爲人所忽視。透過本書的研究，我將進一步指出，百合迷群主要是由女性所構成的。

「百合迷群主要是男性」的這項誤解，可能來自於台灣ＡＣＧ界普遍認爲ＢＬ文化（喜愛男男戀）的迷群既以女性爲主體，百合文化（喜愛女女戀）的迷群應相對地以男性爲大宗。事實上，二者之中，學界對ＢＬ文化的先行研究的確已證實ＢＬ迷群確以女性爲主要勢力，[10]但百合迷群男女比例尚未有先行研究爲此進行分析。筆者作爲百合活動的長期參與者與觀察者，乃是從實際經驗中發現通俗認知與現實狀況的落差。

爲進一步了解通俗印象與現實經驗的落差，筆者曾於二〇一一年一、二月間以網路問卷進行調查（參照附錄一），透過八一五份問卷的調查結果顯示，自認爲百合迷群者以女性居多，尤其百合作品的創作者與販售者亦以女性爲主。除卻網路問卷，筆者在二〇一四年三月八日，於台灣三重綜合體育館所舉辦的華文圈首次百合 only 同人誌販售會[11]「《百年好合》二〇一四百合

7 ＢＬ乃「Boys' Love」的縮寫，用以代指男性間的戀愛，但並不完全等同於現實男同性戀的戀情，而是創作的一種類型，是接近虛構幻想的男同性戀作品。

8 參照鍾瑞蘋，〈同性戀漫畫讀者之特性與使用動機之關聯性研究〉（台北：中國文化大學新聞研究所碩士論文，1999）；楊曉菁，〈台灣ＢＬ衍生「迷」探索〉（台北：國立政治大學廣告研究所碩士論文，2006）；張茵惠，〈薔薇纏繞十字架：ＢＬ閱聽人文化研究〉（台北：國立臺灣大學新聞研究所碩士論文，2007）；葉原榮，〈王子的國度：台灣ＢＬ（Boy's Love）漫畫迷的行為特質與愉悅經驗之研究〉（新北：國立臺灣藝術大學應用媒體藝術研究所碩士論文，2010）。

9 「ＧＬ」是相對於「ＢＬ」的用詞，即「Girls' Love」的縮寫，指涉女性與女性之間的戀情，與「百合」一詞意義相近，但根據筆者對百合文化的長期觀察，二者在華語漫畫界如中國與台灣則有較清楚的區分，一般將「百合」視為純潔、精神性的愛，涵蓋友情及愛情，而將「ＧＬ」歸類在具有肉體關係的愛情。為符合迷群的認知，筆者不採用「ＧＬ」而選用「百合」這一涵蓋意義較廣的詞彙來為該迷文化下定義。

10 參照鍾瑞蘋，〈同性戀漫畫讀者之特性與使用動機之關聯性研究〉（台北：中國文化大學新聞研究所碩士論文，1999）；楊曉菁，〈台灣ＢＬ衍生「迷」探索〉（台北：國立政治大學廣告研究所碩士論文，2006）。

Only」中，針對參與此次販售會的一〇八個擺攤社團進行紙本問卷調查（參照附錄二），共回收有效問卷七十七份，紙本問卷調查結果與先前的網路問卷調查結果雷同，自認爲百合迷群者、百合作品創作者皆以女性居多，本問卷另外調查百合作品的消費者性別取向，其結果亦以女性爲主。兩份問卷皆指向百合迷群確實以女性爲主流。

據此，筆者認爲學術領域中仍待開發的百合迷文化研究，受到誤讀與抱有錯誤認知的情況更甚於ＢＬ迷文化，因而筆者鎖定百合迷文化作爲主要研究對象，必要時亦與ＢＬ文化進行比較。

本書將試著爬梳百合迷文化在日本的源起，及其由日本到台灣的移動脈絡，最後觀察百合迷文化的在台受容狀況，將之脈絡化、系譜化，以期建立起初步的百合文化發展史，並從中觀察台灣女性迷群在接收日本外來的百合迷文化之際，如何展現迷群的能動性；同時，筆者亦嘗試透過文本分析，來探討女性觀看女性與女性之間情誼的百合作品，其愉悅感所爲何來？由女性構成的百合迷文化將如何展現當代女性思維，文本的內在結構又如何反映外在的社會情境結構，藉此指出當代社會情境卽是促成百合文化成形的背景。

第二節

台灣學術界有關台灣ＡＣＧ迷文化發展的先行研究，探討「動漫迷文化」成果最豐碩的研究者當屬陳仲偉。陳仲偉於《台灣漫畫文化史：從文化史的角度看台灣漫畫的興衰》注意到台灣漫畫迷文化的重要性，並在《日本動漫畫的全球化與迷的文化》強調日本動漫畫全球化的關鍵在於迷文化的發展，日本動漫畫產業之所以得以全球化，其原因除了日本動漫畫產業本身的生產特色、以及全球傳播媒介的介入之外，日本動漫畫同好形成的迷文化更是支撐日本動漫畫屹立不搖的梁柱。迷（fan）[12]不只是接受者，同時也是行動者，迷對於動漫畫持有自我的解讀與實踐，使迷文化成為一種在日常生活中擁有生產力與實踐力的可能，而迷的文化與日本動漫畫文本特色的結合將會超越傳播機制的力量，而這股力量就是促使日本動漫畫在全球各地生根、形成文化實踐的眞正動力。[13]該書指出迷文化是動漫畫產業的強大推動力，亦針對台灣漫畫產業的未來發展予以關切，但因爲討論對象以日本動漫畫爲主，對台灣本土迷文化發展狀況未能多加著墨。

11 「only同人誌販售會」，通常在口語上簡稱為「only場」。乃指特定的ACG作品、屬性、角色或配對作為創作主題的同人誌販售會。「百合only同人誌販售會」即指以百合為創作主題的同人誌販售會。

12 陳仲偉所指的「迷」，筆者於本書當中皆以更有區隔概念的「迷群」定義之。

13 陳仲偉，《日本動漫畫的全球化與迷的文化》（台北：唐山，2009年7月）。

綜合上述，將「台灣ＡＣＧ迷文化發展歷程」作爲探討對象的學術專著目前仍未得見。相關著作以洪德麟的《台灣漫畫四十年初探》最早面世且具重要性，然而該書以漫畫文類作爲研究對象觀其發展歷程，並以傳統史學方法針對台灣本土漫畫家與漫畫進行歷史式的梳理，因而並未觸及任何有關迷文化的討論；此外的相關著作，另有陳仲偉的《台灣漫畫年鑑：對漫畫文化發展的另一種思考》[14]一書，該書對照世界漫畫史大事與台灣漫畫史發展狀況，將漫畫界的歷史以大事記的方式呈現，該書亦對於台灣大型漫畫同人誌展覽的發展歷程加以記錄，但該書作爲工具書雖稱簡明方便，卻難以從中認識完整而連續的歷史脈絡，「迷文化」此一難以判斷明確起始點的抽象存在更無法登記在該年鑑之中。

學術界之外，台灣知名ＡＣＧ同好組織「傻呼嚕同盟」的著作《Dead or Alive：台灣阿宅啟示錄》其中一個篇章「台灣阿宅大事記」[15]也使用大事記手法列出一九四〇年到二〇〇九年台灣動漫界發生的重要大事，但不如陳仲偉的《台灣漫畫年鑑：對漫畫文化發展的另一種思考》完整詳盡，亦不是嚴謹的學術專著。換句話說，現行研究中以歷史角度進行台灣ＡＣＧ迷文化發展研究的專著幾乎沒有，除上述陳仲偉的專書稍有提及之外，其他相關研究大多以回顧之姿散落於各篇學位論文的單一章節。

如不討論一個整體性的「台灣ＡＣＧ迷文化發展史」，而就個別迷群來觀察日本ＡＣＧ迷文化在台受容狀況的研究，其中將女性迷群作為研究對象者，以「腐女／BL迷文化」的相關研究較有斬獲，雖與本書的研究主題「百合迷文化」無直接關聯，但對於本書的研究方法頗有示範作用，尤其在文本分析方面極具參考與比較的功能。

BL迷文化與其迷群相關的文化研究，對於迷群愉悅感的來源有深入的、討論，尤其針對迷群的閱聽行為，及其閱聽心理機制如何推動BL迷文化的成形進行分析。其中楊曉菁推論出「創作及閱讀BL與BL衍生作品不涉及性向認同，創作者也多為喜愛異性的女性，多因為欣賞及喜歡男性，希望能與男性擁有平等地位，才能對男男產生想像。」[16]；張茵惠則透過訪談指出讀者閱讀BL文本的快感來源有六點：傳統異性戀愛淪為公式、投射「關係」而非「角色」、當男人落淚時女人心動、迴避女體凝視男體、逃避成為情慾主體、沒有負擔與拘束的愛；[17]邱佳心、張玉佩共同歸納出BL的閱讀快感原因有四，分別是想像空間的追求、文本線索的意義重

14 陳仲偉，逢甲大學庶民文化研究中心，台灣動漫畫推廣協會主編，《台灣漫畫年鑑：對漫畫文化發展的另一種思考》（台北：杜葳廣告股份有限公司，2008年4月）。

15 傻呼嚕同盟，《Dead or Alive：台灣阿宅啟示錄》（台北：時報，2009年），頁30-35。

16 楊曉菁，〈台灣BL衍生「迷」探索〉（台北：國立政治大學廣告研究所碩士論文，2006），頁104。

組、滿足幻想的愉悅、理想愛情的實現、性慾想像的滿足。[18]以文化研究角度觀察，上述著作頗能說明推動ＢＬ迷文化發展的內在力量，但皆未能正面肯定腐女觀看ＢＬ作品實能得到以女性爲主體的情慾滿足，尤其張茵惠雖然論及情慾卻未能深入探討，頗爲遺憾。筆者認爲情/慾同時得到滿足才是凝聚ＢＬ迷文化的主要力量，百合迷文化也同樣如此。因而，本書在探討百合迷文化的愉悅感來源時，將對ＢＬ迷文化與百合迷文化進行比較，並透過文本分析補充現行研究不足之處。

ＢＬ迷文化與其迷群相關研究以文化研究居多，大多欠缺歷史性的考察，僅邱佳心、張玉佩曾提出一筆歷史性的數據統計：「根據本研究初步統計結果顯示，在開拓動漫祭（按：即ＦＦ）二〇〇二年十月到二〇〇六年七月的八場活動當中，具有偏好男性愛傾向的同人社團（按：即以ＢＬ爲主題的社團）至少佔有12.25%。」[19]且不論該論文並沒有說明此一「12.25%」的數據，是指八場活動中以ＢＬ爲主題的社團的平均值，抑或是特定場次的所佔比例。總之該論文重心並不放在歷史脈絡上面，迷文化的歷史性考察成果仍是一片空白。

當ＢＬ迷文化及其迷群的相關研究論文已堪稱屈指可數，關於「百合迷文化及其迷群」的學術性質研究則近乎闕如，甚至在百合迷文化的原生地日本，也僅有少數作品，如ＡＣＧ次文化相關辭典《同人用語辭典》[20]（同人用語辭典）、《萌え萌え用語の萌え知識》[21]（萌萌用語的萌知識），以及蒐羅與性相關的專門用語集《性的なことば》[22]（性的詞彙）等書收錄「百合」此一詞彙，並未有學術性質的相關研究專著可供參考。[23]

就如此貧乏的研究狀況來看，或許可以推論為「百合」尚未成為一股迷文化勢力，但根據今日百合商品的出版市場規模來判斷，百合迷文化及其迷群確實存在於日本乃至於台灣ＡＣＧ

---

17 張茵惠，〈薔薇纏繞十字架：ＢＬ閱聽人文化研究〉（台北：國立臺灣大學新聞研究所碩士論文，2007）。

18 邱佳心，張玉佩合著，〈想像與創作：同人誌的情慾文化探索〉，玄奘資訊傳播學報６，2009.07，頁 141-172。

19 邱佳心，張玉佩合著，〈想像與創作：同人誌的情慾文化探索〉，頁 152。

20 窪田光純，《同人用語辞典》（東京：秀和システム，2004.8）。

21 萌え用語選定委員会，《萌え萌え用語の萌え知識》（東京：イーグルパブリッシング，2005.8）。

22 井上章一、斉藤光、渋谷知美、三橋順子合編，《性的なことば》（東京：講談社，2010.1）。

23 學術專書雖然闕如，唯一篇單篇學術論文觸及百合研究，參照西田隆政，〈「百合」作品言語表現考：作品『百合男子』を補助線として〉，《女子学研究》２，（神戸：甲南女子大学女子学研究会，2012.3），頁 58-65。該篇論文以百合作品的語言表現作為主題探討，但更多是探討百合漫畫《百合男子》一作中，男性百合控對百合的詮釋與認知，是篇幅較短的文本分析。

界。日本方面至少有五個漫畫出版社出版六款百合漫畫專門誌，台灣方面雖無職業性質的本土百合ＡＣＧ作品，但漫畫出版社陸續進口日本百合漫畫，大型漫畫出版社如尖端、東立更以專門書系獨立百合類別亦可供管窺。筆者認爲百合迷文化與ＢＬ迷文化相同，實有足夠的學術議題能量得以進行更深入的探討，然而，迄今連最初步的百合發展脈絡都還面目模糊，因此筆者將研究重心放在歷史性的考察，主要透過百合商業作品的傳播歷程來觀看迷文化的發展狀況，期許本書將能塡補迷文化歷史研究的空白之處。

第三節

本書以歷史學研究法爲主，輔以文化研究，以期在認識百合迷文化之形成脈絡的同時，交互印證該迷文化成形的外在社會情境以及文本內在結構之關聯。研究範圍爲源生於日本ＡＣＧ界的百合迷文化在台灣ＡＣＧ界的受容過程與發展情況，而其受容歷程的時間範疇，受限台灣盜版漫畫時代的受容狀況實有考察之困難，因此主要針對一九九二年台灣新著作權法[24]上路以降，迄二〇一二年爲止作爲斷限。然而，爲了更全面性地觀看百合迷文化的歷史軌跡，尤其是論及日本百合原生文化的生成之時，本研究也將溯及促成百合迷文化形成的戰前相關作品，不自限於時間斷限。

研究材料方面，主要有三個方向：一是針對網路活動進行考察，觀察台灣如何透過網路社群接收日本百合文化，用以發掘百合迷文化於日本—台灣的移動脈絡；二是探問台灣在地生產的百合同人誌創作概況，以及梳理百合漫畫商業誌的在台出版狀況，分別透過觀察同人誌與商業誌的在台受容，以適切了解日本百合文化跨海而來，如何土著於台灣，成爲台灣ACG界的一員；三是透過ACG文本進行文本分析，藉由文本的內在結構來觀察女性迷群如何從中得到愉悅感，而文本外緣的社會情境變遷又如何促成百合迷文化的成形，進而認識百合迷文化成形的時空條件所展現的女性主體意識。

論述的順序上，基於「百合」一詞尚未有相關研究論著提供嚴謹的定義，因此本書首先將考察台灣ACG界乃至華文圈ACG界之中，「百合」一詞的通俗定義；其次爬梳日本百合文化的

24 中華民國《著作權法》曾多次制定與修正，其中以一九九二年受到美國貿易談判壓力之下，迅速通過公布施行的新著作權法造成的衝擊最大、影響最廣。一九九二年的新著作權法對舊有著作權法的架構和條文做了全面性的調整和重新制定，該法對漫畫產業最大的影響即是盜版漫畫從此成為違法行為，漫畫產業正式進入版權化時代。關於一九九二年新著作權法的法律釋義著作參照謝銘洋等著，《著作權法解讀》（台北：月旦出版：知道總經銷，1992）；蕭雄淋，《新著作權法逐條釋義（全三冊）》（台北：五南，1996）。

定義與脈絡，以供認識日本百合文化的原生面貌；接著以華文圈百合文化的網路傳播重鎮「百合會論壇」作爲觀察對象，觀察網路社群作爲中介者，如何使百合文化進入華文圈乃至台灣ＡＣＧ界的受容狀況，進而分析「百合」一詞跨國進入華文圈，如何受到「百合會論壇」影響而改變其原生面貌，同時筆者將藉由觀察與理解，進一步提出完整的百合定義；其後整理日本百合漫畫進入台灣出版市場的情形，以便瞭解日本百合文化如何透過百合商業作品在台土著；最後則藉由Ｈ漫[25]以及魔法少女類型動畫兩種文本來分析迷文化如何凝聚成形，試著勾勒出今日台灣ＡＣＧ界百合文化的全貌。

在章節的安排上，本書第二章定義「百合」並考察其語源，同時梳理日本原生百合文化的系譜；而後觀察異地語言如何爲受容國家所理解與吸納，飄洋過海抵達台灣的日本原生百合文化，主要是經由「百合會論壇」網路社群的引介與傳播，方才促使華文圈／台灣百合文化的成形，因此討論百合迷群的主要活動場域有其必要性，藉此亦得以觀察場域如何影響台灣百合文化生成與原生文化不同的面貌。

第三章整理百合文化的受容狀況，首先考察「百合會論壇」在推廣與傳播百合文化所起的作用，本章將梳理「百合會論壇」譯介的相關作品，以供認識台灣百合文化成形過程中，具備影響力的百合作品的系譜；其次觀察台灣的百合迷群如何透過同人誌創作催生出屬於在地生產的百合作品，以及日本百合漫畫商業誌正式進入台灣出版市場的過程中，台灣的百合迷群如何於其中展現其能動性，進而指出迷群在促成百合文化的異地根植上有著不容小覷的影響力；最後爬梳台灣漫畫出版社設立百合漫畫專門書系所引進的日本百合漫畫專門誌相關作品，以及經由「歪讀」（queer reading）而被認定爲百合作品的日本漫畫，觀察日本百合文化透過漫畫商業誌進入台灣一般非迷群漫畫讀者的閱讀場域的現況，如此才能完整認識百合文化在台灣的受容歷程。

第四章主要是文化研究，在文本的採用上，將以兩種文本爲例進行分析，一是最能將情慾具象化的H漫，藉此探討迷群的情/慾如何得到滿足；二是ACG界當中少數以女性爲主角的戰鬥冒險文類：「魔法少女」類型動畫，用以思考迷群閱讀愉悅感的來源，觀察以女性爲主的百合迷群，如何透過魔法少女類型作品建立女性的主體性，文本中女性樣貌多樣化又如何藉此展演。本章透過兩種文本來分析迷群愉悅的來源，並試著分析迷文化的產生如何反映社會情境變

25 此為漫畫界稱呼與日本動漫畫相關的成人作品的隱語。「H」源自日文，是「变態」（ヘンタイ）的借代詞，相關漫畫稱作「H漫画」，動畫則稱「Hアニメ」，台灣漫畫界沿用之。由於常見的「黃色書刊」與「A書」指涉的範圍較不明確，故筆者不採用「黃色書刊」、「A書」來界定擬將討論的文本。

遷的歷程，進而指出百合文化之所以能由日本跨海根植於華文圈乃至台灣，其實是三地有著相同的社會結構，日本百合迷文化方得以順利地爲異地所接受。最終將於第五章結論總結全文論點，並試著提出後續研究的思考方向。

第二章

百合文化的定義與系譜

當大衆文化領域偶有對於百合文化、文本進行零星的討論，但爲台灣ＡＣＧ次文化的百合迷文化進行詮釋的學術性論文仍付之闕如之際，基於百合文化尚未進入學術殿堂，未能取得學術性質的嚴謹定義供作參考，本章將試著爲「百合」及其迷群「百合控」作一通俗定義的考察，其次則先後梳理日本原生百合文化與跨國生成的台灣百合文化的定義與系譜，藉此試著勾勒出百合文化的面貌，以便進行本書其他章節的論述。

廣義而言，描寫女性與女性之間情誼的ＡＣＧ作品，皆可稱爲百合作品，以百合作品爲基礎凝聚而成的迷文化，即是百合文化。然而基於「文化」本身的複雜性，以及文化傳播過程中不斷的擴延繁衍，要爲「百合文化」作一精準的定義是困難的，並且「百合」的定義在迷群之間始終存有爭議，更使「百合文化」本身的形象越形模糊。因此，本章擬將透過梳理歷史脈絡，試著指出日本原生的「百合」一詞在傳播過程中，如何受到受容地區，也就是華文圈ＡＣＧ界所理解與吸納，致使華文圈百合迷群在爲「百合」定義之時，得出了與日本原生文化不同的定義，產生華文圈百合迷群內部獨特的「百合」、「ＧＬ（Girls' Love）」與「女同性戀」三者的區隔。在理解日本以及華文圈的「百合」定義之後，筆者將針對「百合」一詞的內涵加以申論，以象限方式提出能反映日本「百合」一詞原意，又能兼顧華文圈中不同指涉意涵的用詞：「百合」、「ＧＬ」、「女同性戀」三者的百合定義方式，藉此將狹義到廣義的百合範疇涵蓋其中，試著提出一個現階段相對完整的百合定義。

第一節、「百合」及百合迷群之定義

一、百合

台灣知名動漫畫評論組織「傻呼嚕同盟」在該組織出版的《COSPLAY．同人誌之秘密花園》一書中，曾以附錄方式爲台灣同人誌次文化現行使用的專有名詞加以解釋，應是台灣ＡＣＧ界最早註解「百合」一詞的書面紀錄：「雖然不知道起源為何，但百合（日文為「ゆり」）是指ＧＬ──『女同性愛漫畫』……『百合族』指『女同性愛者』。」[1]

這項紀錄說明的是台灣ＡＣＧ界對「百合」一詞的普遍認知：「百合」與「ＧＬ」同樣指向女同性愛，並隱約指出「百合」一詞源自日文。然而這項紀錄沒有談及「百合」一詞的起源，將「百合」與「ＧＬ」粗略地畫上等號，也與百合迷群的認知有所出入，只能算是一個非常粗略的定義。

討論百合文化之前，首先應對專有名詞的定義有所理解，在此先爲專有名詞下定義，釐清「百合」、「GL」二者之間的關聯。爲有效反應百合迷群的認知，直接觀察百合迷群所提出的定義是比較合宜的辦法，在此依據華文圈百合迷群主要網路活動場域「百合會論壇」，其管理團隊於論壇創立的翌年（2005）爲二者所下的疊圖式定義（參見圖一）以供認識：

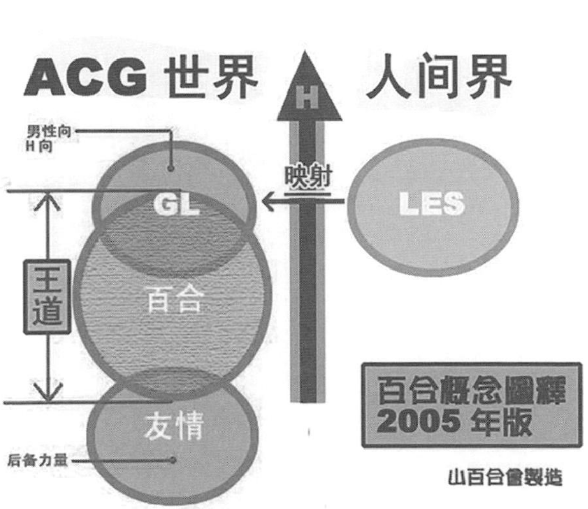

圖一：「百合會論壇」百合概念圖釋（資料來源：百合會論壇）[2]

1 參照「傻呼嚕同盟」共同企劃，《COSPLAY．同人誌之秘密花園》（台北：大塊文化，2005），頁226-227。本書企劃者「傻呼嚕同盟」是台灣知名的動漫同好組織，自一九九七年成立以來，一直致力於動漫畫相關評論及文化研究，本書對動漫界新詞的定義頗具參考價值。

2 「百合會論壇」變更名稱之前，原名為「山百合會論壇」，該圖以「山百合會製造」做註，乃是由於該圖創作於論壇更名之前。

依照圖一所示，可知百合迷群視現實世界的「LES」（女同性戀）與ACG界的「百合」、「GL」情誼有所區隔。「GL」可視作對「現實女同性戀」的摹寫，[3]涉及女性與女性之間的愛情及情慾，「百合」一詞則涵蓋範圍較廣，介於「GL」及「（女性間）友情」之間，並與「GL」及「友情」產生交集。

此外，迷群之間有另一種廣義的觀點，乃是將「親情／友情」與「愛情／性（GL）」視作「百合」光譜的兩端（參見圖二）。

據圖二所示，親情乃至愛情都被歸在「百合」的範疇之中，「百合」可涵蓋女性之間精神愛乃至於肉體愛的關係。相對地，亦有極端的狹義觀點認爲百合限於「友情以上、戀人未滿」，而將戀人以上的關係歸作GL。討論至此，可知在華文圈百合迷群的認知當中，並未將「百合」與「GL」視作同義詞，而「百合」一詞所指涉的意涵，廣義可指涉女性之間的任何情誼，狹義則可限於未達戀情的女性情誼。

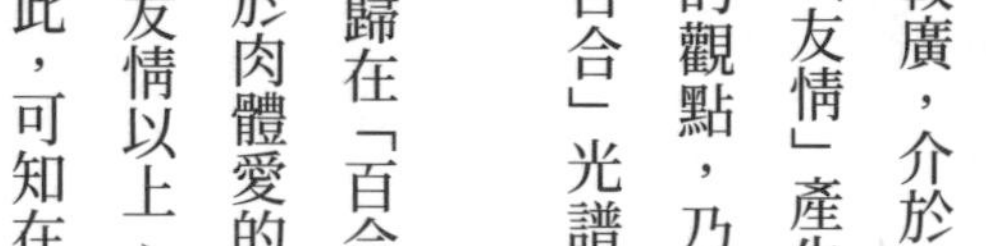

圖二：由百合迷群提出的百合光譜圖釋[4]
（資料來源：筆者繪製）

論及「百合」、「GL」二詞的同時，筆者認爲應當一併討論意義雷同卻又似乎有所差異的「女同性戀」一詞。在上述兩種圖釋的定義之中，華文圈百合迷群傾向視「百合」與「女同性戀」有所區隔，不能混爲一談，「GL」則有時居於二者之間。正如同圖一所示，將「百合/GL」與「女同性戀」的關係視作是「ACG」與「現實」關係的對照，是比較簡單明瞭的區分辦法，然而，相較於華文圈，百合文化的發源地日本，「百合」與「女同性戀」二者的定義並不如華文圈的涇渭分明。日本的男同性戀雜誌《薔薇族》，曾在一九七六年十一月發行的第四十六號雜誌開闢「百合族の部屋」（百合族的房間）讀者專欄，提供女同性戀讀者交流。[5]以「百合族」指涉「女同性戀者」正是起源於此，由此可見「百合」一詞在日本自始即與「女同性戀」密切相關。

3 圖一的GL區塊有一註解：「男性向H向」，即指男性收看的女女色情讀物。其中「男性向」源於日文ACG次文化用語。男性向，日文為「男性向け」，意指目標客戶群為男性；女性向則為「女性向け」，目標客戶群為女性。台灣直接沿用漢字。

4 光譜式圖釋的構成概念來自：百合會論壇，谷川絢，〈光譜式的百合定義〉，來源：http://www.yamibo.com/forum.php?mod=viewthread&tid=35997，2006.10.27），網頁瀏覽日期：2013.11.20。

5 參照井上章一、斉藤光、渋谷知美、三橋順子合編，赤枝香奈子著，〈百合〉，《性的なことば》，頁280。

何以文化源頭的日本沒有明確區分，華文圈的「百合／GL」卻與「女同性戀」形成「ACG」與「現實」的區隔？筆者認為應當從華文圈接收日本百合文化的脈絡切入，觀察百合文化在傳播過程中如何受到場域影響，才能認識異地語言如何為受容方所理解與吸納。對此本章第三節將有詳述，本節暫不多述。

二、百合迷群：「百合控」

針對百合文化的迷群，華文圈ACG界有一專有名詞「百合控」以供指涉。該詞亦源自日文的「百合コン」。日本ACG次文化中慣以「コン」代表「情結」（Complex），中文受此影響而採用發音相近的「控」來代表情結或是某一種嗜好。

關於「百合控」的性別結構，相對於喜愛男男同性愛的BL文化之迷群以女性為主，喜愛女女同性愛的百合迷群，便很容易產生應以男性為主的直觀印象，然而筆者作為百合活動的長期參與者與觀察者，並以實際參與台灣大型同人誌販售會的親身經歷後卻發現，百合迷群性別比例的實際組成狀況，其實與既定印象大相逕庭。以筆者自身經驗作為第一手史料，筆者的百合同好多數為女性，實際在販售會場購買筆者所屬社團同人誌的讀者亦以女性占絕對多數，筆者在觀察兩岸三地華人地區最大的百合文化社群網站「百合會論壇」之時，亦發現該網站會員以女性居多，男性不僅是少數，部分女性會員甚至對作爲弱勢族群的男性會員並不友善。[6]

考量到僅以筆者自身經驗爲例證，有主觀且偏頗之失，故而筆者於二〇一一年一、二月間，以網路問卷進行相關調查。問卷以〈動漫畫迷群屬性之研究〉爲題，透過 my3q 網路問卷網站設立，發送方式則透過批踢踢實業坊的ＧＬ板及ＢＬ板、百合會論壇以及 Facebook 相關群組進行發送，回收有效問卷共八一五份。[7]

據八一五份問卷的調查結果顯示，有五成五的問卷受試者認爲百合作品的受衆以男性爲主，[8]這項調查頗符合百合迷群以男性爲主的刻板印象。然而就實際狀況而言，調查結果則顯示自認爲是百合迷群的人，女性是男性的六倍之多；[9]針對百合同人誌創作與販售人員的性別比例

6 據筆者在百合會論壇活動的經驗，曾有過一名於該論壇結交的友人在往來數月之後，才向筆者坦承其男性身分，根據他的說法，坦承自己男性身分時的心情宛如「出櫃」，並表示男性在百合會論壇感受到的氣氛並不友善。筆者對百合會論壇的長期觀察，亦同樣感受到部分女性會員對男性會員的態度較為尖銳，筆者友人的顧慮其來有自。

7 參照 my3q 網路問卷網站，楊若暉，〈動漫畫迷群屬性之研究〉（來源：http://www.my3q.com/view/viewSummary.phtml?questid=403070，2011.2.18），網頁瀏覽日期為 2013.11.20。

進行的調查，結果亦顯示百合同人誌的創作者與販售者，女性在男性的八倍以上。[10]皆能顯示百合迷群確實以女性爲主流。與此同時，「百合會論壇」成員性別比例的調查結果也顯示「百合會論壇」的會員女性遠多於男性。[11]

應當加以說明的是，筆者爲避免抽樣的偏頗，因此網路問卷並未偏重採集「百合會論壇」的樣本數，實際上「百合會論壇」成員作爲受測者的樣本，只占本問卷的42％，[12]故而本問卷的樣本多少能有效推論出研究母體（百合迷群）的實際狀況。事實上，假使百合控男性多於女性，那麼本問卷的採樣理應以男性受試者爲多，不會呈現女性受試者多過男性受試者的狀況。女性受試者一面倒地多於男性受試者，恰恰指明群聚於百合控網路社群的性別構成即是以女性爲主。

然而，鑑於網路問卷可能遭受採樣偏頗的質疑，筆者於二〇一四年三月八日舉辦的華文圈第一場百合 only 同人誌販售會：「《百年好合》二〇一四年百合 Only」，以紙本問卷方式，針對該販售會的一〇八個擺攤社團進行調查，共回收七十七份有效問卷。

調查結果顯示，紙本問卷與網路問卷有許多相符之處：如自認爲是百合迷群的人，女性多於男性，[13]然而較之網路問卷男女比例爲1：6，紙本問卷的男女比例爲1：13，有著更大比例差；百合同人誌創作者同樣以女性多於男性，約達九倍之多。[14]

不同之處則在於，ACG界普遍認爲「百合迷群以男性爲主」此一刻板印象，在迷群的認知

8 關於百合迷群性別比的既定印象，筆者的網路問卷題目之一「妳（你）認為百合作品閱讀族群之中，男性較多，抑或女性較多？」，結果顯示八一五份問卷，除卻不知道「百合」意義的3％問卷受測者之外，有55％的問卷受測者認為男性較多，42％的問卷受測者認為女性較多。數據請參照附錄一．圖四。

9 關於百合迷群的性別比例，筆者的網路問卷題目之一「妳（你）認為自己是百合控嗎？」，結果顯示八一五份問卷之中，除卻31％不看百合作品的受測者，以及27％觀看百合作品但不認為自己是百合控的受測者之後，剩餘42％自認是百合控的受測者當中，女性即居36％，男性則僅有6％。數據請參照附錄一．圖五。

10 關於百合作品的創作者以及販售者的男女比例，筆者的網路問卷題目之一「妳（你）曾經或現在是百合作品的創作者或販售者嗎？」，結果顯示八一五份問卷之中，除去占81％未曾參與創作或販售的問卷受試者之外，女性占17％，而男性僅占2％。數據請參照附錄一．圖六。

11 關於「百合會論壇」的會員性別比例，筆者的網路問卷題目之一「妳（你）知道「百合會論壇」嗎？」，結果顯示八一五份問卷，除卻不是會員的58％問卷受測者之外，有36％的問卷受測者是女性，只有6％的問卷受測者是男性。數據請參照附錄一．圖七。

12 關於「百合會論壇」的會員性別比例，筆者的網路問卷題目之一「妳（你）知道「百合會論壇」嗎？」，結果顯示八一五份問卷，屬於「百合會論壇」會員的受測者計有42％，知道「百合會論壇」但不是會員的受測者占15％，不知道「百合會論壇」的受測者則占43％之多。數據請參照附錄一．圖七。

中顯然並非如此。相較於以ＡＣＧ各路人馬所塡寫的網路問卷，有五成五的受試者認爲百合作品的閱讀群衆以男性爲主，在以百合迷群爲主要受試者的紙本問卷中，則有六成六的受試者認爲百合作品的閱讀群衆以女性爲主，認爲閱讀群衆以男性爲主的受試者不到一成。[15]顯見「百合迷群以男性爲主」此一刻板印象，與迷群本身的實際體驗相距甚遠。透過兩份發放方式不同的問卷調查，其結果皆能驗證筆者的觀察無誤，百合迷群確實以女性爲主體。

在數據之外，本章下一節亦將透過追尋百合作品的脈絡，指出百合作品乃是脫胎自以女性爲目標客群的少女小說乃至少女漫畫，以作品本身的性質來說明百合作品自始便是以女性爲主要受衆。本書第四章亦將透過文本分析，說明百合作品之所以能滿足女性的閱讀快感，乃是反映了當代社會情境中女性在追求兩性平等、情慾自主的需求，以及對傳統男性霸權的反抗。是以從數據、作品的少女讀物屬性，以及文本本身所展現的關照女性需求等三個層面觀察，皆可知百合作品的目標客群是女性，而百合控也確實是以女性爲主。

綜述之，爲求適切地對百合迷文化進行論述，並兼顧迷群的認知，本書選用「百合」這一涵蓋意義較廣的詞彙，並將其迷文化稱爲「百合文化」，百合作品的迷群則採用「百合控」一詞做規範。

第二節　日本原生百合文化之定義與成形概要

一、「百合」的語源與其所指

由於日本學界方面尚未有百合文化的相關研究專著，僅有少數非學術論著如如ACG次文化相關辭典《同人用語辭典》、《萌え萌え用語の萌え知識》，以及性相關的專門用語集《性的なことば》收錄「百合」一詞。然而，考量到語言應以語言使用者的理解與實際使用方法作爲觀察切入點，尤其當「百合」一詞作爲次文化流行語，尚未被通用辭典所收錄，更應當從該詞彙所

13 關於百合迷群的性別比例，筆者的紙本問卷題目之一「請問您認為自己是百合控嗎？」，結果顯示七十七份問卷之中，除去16％未產生迷群認同的受試者，有78％的女性百合控，男性百合控僅有6％。數據請參照附錄二．圖九。

14 關於百合作品創作者的男女比例，筆者的紙本問卷題目之一「請問貴社團同人誌作品創作者的性別分布狀況？」，結果顯示七十七份問卷之中，女性創作者占88％，而男性占12％。數據請參照附錄二．圖十二。

15 關於百合迷群性別比的既定印象，筆者的紙本問卷題目之一「您認為百合作品閱讀族群之中，男性較多，抑或女性較多？」，結果顯示七十七份問卷之中，有66％的受試者認為女性較多，26％的受試者認為男女一樣多，僅有8％受試者認為男性比較多。數據參照附錄二．圖十。

通行的場域尋求解釋。在此便以收錄次文化詞彙的《同人用語辞典》、《萌え萌え用語の萌え知識》、《性的なことば》等實體書，以及迅速更新次文化資訊的日本網路辭典，對照觀看日本百合迷群及網路群眾對「百合」語源與其所指涉意涵的認知。

關於「百合」一詞的語源，首先參照下列三筆實體書資料：

《同人用語辞典》〈百合〉條目：

> 即所謂的女同性戀。但是，在同人世界（按：指ACG界）中所稱之為百合者，乃是專指女性作家為了女性所創作的作品。語源自作為象徵男同性戀的俗語「薔薇」的對照語，最初由男同性戀雜誌《薔薇族》的編輯長伊藤文學所採用（發祥自同款雜誌所設立的讀者投稿專欄「百合族園地」）。[16]

《萌え萌え用語の萌え知識》〈百合〉條目：

> 即所謂的女同性戀。乃是象徵男同性戀的「薔薇」之對照語。[17]

在實體書中，其說明相對較詳盡的資料，當屬《性的なことば》〈百合〉條目：

現在對於女性或者少女之間的親密關係以「百合」一詞指稱，其起源為男性向的男同性戀雜誌《薔薇族》編輯長伊藤文學所使用的詞彙。……嚴格來講，伊藤在《薔薇族》所使用的詞彙是「百合族」。英文的百合（lily）一詞，俗語中便有同性戀者的意味，此後伊藤為了與薔薇的紅色對比，選用了白色的花，遂誕生「百合族」的名稱。[18]

在實體書之外，網路辭典中則以《フレッシュアイペディア》（FreshEye百科）網路百科全書的[19]「百合（ジャンル）」（百合（類型））條目最爲完整，[20]該條目指出：

16 參照窪田光純，〈百合〉，《同人用語辞典》，頁292。節錄文章由筆者所譯。
17 參照萌え用語選定委員会，〈百合〉，《萌え萌え用語の萌え知識》，頁142。節錄文章由筆者所譯。
18 參照赤枝香奈子，〈百合〉，《性的なことば》，頁277-278。節錄文章由筆者所譯。
19 參照《フレッシュアイペディア》（來源：http://wkp.fresheye.com/）。

此語源於一九七〇年代，據說是男同性戀雜誌《薔薇族》編輯長伊藤文學，將之作為該雜誌以「薔薇族」指涉男同性戀者的對照語，提倡了「百合族」一詞。並在該雜誌開闢了女同性戀者的讀者投稿園地「百合族的房間」。此外，日本有諺「立如芍藥、坐如牡丹、步如百合」，以百合比喻美麗的女性是普遍用法，由於男同性戀者被比喻為紅薔薇，亦有一說指出伊藤為了呈現對比以及強調女性形象，因此選用了白百合。[21]

上述資料都指向「百合」一詞是作爲指涉男同性戀的「薔薇」一詞的對照語而出現，該詞彙出自《薔薇族》編輯長伊藤文學的命名，而「百合」一詞成爲用以指涉女同性戀（Lesbian）的專門用語。[22]惟上述資料欠缺嚴謹的史學考據，其源起還有待考證，但足供證明在日本「百合」是用以指涉「女同性戀」的隱語。至於「百合」一詞所指涉的作品範圍，上述引用的實體書中，其中《性的なことば》僅以百合漫畫專門誌爲例，[23]網路辭典《フレッシュアイペディア》則有更完整的說明：

所謂的百合，指女性的同性愛，也指與之類似的友情愛。另外，以此作為題材的各種作品，通常是指一九九〇年代以降的日本漫畫、輕小說、動畫、同人誌等文類，但戰前

20 日本的網路辭典另有《百合辭書》（來源：http://www.lares.dti.ne.jp/~maton/Terminology.htm），以及《維基百科》日文版（來源：http://ja.wikipedia.org/wiki）記載「百合」條目。雖然《百合辭書》作為迷群自行建設的網站，能有效反應日本百合迷群對「百合」相關專有名詞的理解，但缺點是過於偏向主觀認知，並且欠缺考證；《維基百科》日文版與《フレッシュアイペディア》相較則資訊較少，因《フレッシュアイペディア》是經由維基媒體基金會授權，涵蓋《維基百科》日文版資料在內的網路百科全書，因此完整度更勝《維基百科》日文版。

21 參照《フレッシュアイペディア》「百合（ジャンル）」條目，（來源：http://wkp.fresheye.com/wikipedia/%E7%99%BE%E5%90%88_%28%E3%82%B8%E3%83%A3%E3%83%B3%E3%83%AB%29#cite_note-seiteki-3）網頁瀏覽日期為2013.11.20。節錄文章為筆者所譯。

22 赤枝香奈子考察「百合族」一詞，指出最初伊藤文學的用詞原意在用以指稱女同性戀者，惟早期在《薔薇族》中自稱「百合族」的女性，其實並不是同性戀者，而是對男同性戀抱持理解態度，甚至願意與男同性戀者結婚的女性，這類的女性比較接近今日喜愛ＢＬ漫畫的愛好者。但後來「百合族」又從「薔薇族親衛隊」轉變為「Lesbian」，回歸到該詞的本意。參照赤枝香奈子，〈百合〉，《性的なことば》，頁279-281。

23 參照赤枝香奈子，〈百合〉，《性的なことば》，頁284。

的少女小說、一般的女同性戀文學、真人電影也有時被涵蓋在其中。另有「Girls' Love（簡稱GL）」的說法。[24]

在此條目中，所謂「百合」與「GL」亦沒有明顯的區分，換言之，「百合」一詞卽便與「女同性戀」、「GL」未必是同義詞，也可歸類於近義詞。需要加以說明的是，在日本方面，「百合」的使用方法其實也有變遷，由迷群自行建置的網路辭典《百合辭書》（百合字典）便指出：

> 近來由於百合（百合之花）純潔的形象較為鮮明，反倒是色情的形象變得稀薄，因而將書寫非情色系的女性同性戀作品稱為「百合作品」。在本網頁的定義上，則將包含輕微色情成分在內、以女孩子之間的戀愛為主題的作品稱作「百合」。此外，由於「女同性戀（Lesbian）」一詞有其社會意義之背景，可以視作是與「女性同性愛」有所區隔的使用方法。[25]

由此可見，在日本百合迷群的認知當中，「百合」也逐漸與情慾書寫分離，成爲純潔的象徵，然而《百合辭書》的編者仍主張「百合作品」應涵蓋情慾書寫在內。另外，《百合辭書》

的編者認爲「女同性戀（Lesbian）」與百合所指涉的「女性同性愛」不甚相同，主張「女同性戀（Lesbian）」具有其社會意義，如此分辨方法與華文圈用以對照「現實」與「ACG」的區隔方法有異曲同工之妙。

換言之，日本的「百合」辭彙至少有兩種意義上的轉變，一是「百合」成爲純潔的象徵，二是「百合」與「女同性戀（Lesbian）」的分離。「百合」一詞在華文圈的意義變遷，乃是受傳播路徑「百合會論壇」影響所致，日本方面的意義轉變，其變因則尚未有相關研究論述可供參考。一說由於網路文化交流便利快捷，使日本次文化詞彙被華文圈次文化所挪用之後，華文圈次文化反過來影響原生文化的定義，[26]此一說法或可驗證文化作爲有機體不斷衍義變化的特色，但這項說法還尚待論證。總而言之，在意義產生轉變之前，日本最初所謂的「百合」、「GL」、「女同性戀」，基本上是指向相同意義的詞彙。

24 參照《フレッシュアイペディア》「百合（ジャンル）」條目，網頁瀏覽日期為2013.11.20。節錄文章為筆者所譯。x

25 參照《百合辭書》「百合（ゆり）」條目（來源：http://www.lares.dti.ne.jp/~maton/Terminology.htm#yu），網頁瀏覽日期為2013.11.20。節錄文章為筆者所譯。

至於華文圈百合文化如何生成與意義變遷，下一節將會深入討論，在認識日本百合文化如何跨國生成之前，需得先對日本百合文化的成形概況有所理解。

二、日本百合作品系譜

正如前述網路百科全書《フレッシュアイペディア》「百合（ジャンル）」條目的引文，百合作品通常指「一九九〇年代以降的日本漫畫、輕小說、動畫、同人誌等文類」，有時「戰前的少女小說、一般的女同性戀文學、真人電影也有時被涵蓋在其中」，其涵蓋文類甚廣，而這些來自不同文類的作品，究竟如何構成現在所謂的百合作品的系譜？

百合文化尚未受到日本學術場域的關注，因此日本百合作品的系譜仍未有嚴謹的歷史性論述可供參考，在此姑且引用日本大眾文學雜誌《ダヴィンチ雜誌》（達文西雜誌）於二〇〇九年九月號所作的GL特集，[27]以其中所載的「GLの系譜」（GL的系譜）[28]作爲切入點：

> GL的系譜
>
> 近年來雖然有廣受注目的GL，但描寫少女或女性之間強烈羈絆的作品，在少女小說的領域中，從很早以前就以高人氣廣為人知。在此試著簡易地回顧歷史。

構成、撰文：本誌編輯部

大正、昭和的少女小說

描寫被稱之為「S」（Sister的S）關係的少女小說大受歡迎。少女小說的始祖是大正五年（按：西元一九一六年）開始連載的吉屋信子《花物語》（今由河出文庫刊行），大正九年刊行的《閣樓的兩個女孩》（附圖為嶽本野ばら所監修、解說的版本）也廣受注目。昭和十三年（按：西元一九三八年）川端康成的《少女的港灣》，則明確的使用了「S」一詞。

---

26 「故此以地域為區別，對於百合一詞的看法也各不相同。在日本普遍看法下，百合和GL（Girls' Love）並無顯著差異。**但在中國、中華民國台灣地區，百合和GL兩詞則有相當大的對比。但受各地文化交流影響，日本愛好者間也漸漸提高百合花清純的印象。**」參照《維基百科》中文版，「百合（文化）」條目（來源：http://zh.wikipedia.org/wiki/%E7%99%BE%E5%90%88_(%E5%90%8C%E4%BA%BA)），網頁瀏覽日期為2013.11.20。引文粗體為筆者所加。

27 參照《ダヴィンチ雜誌二〇〇九年九月号》（東京：メディアファクトリー，2009.8.6），頁196-203。

28 《ダヴィンチ雜誌》編輯部在此所使用的「GL」一詞，與筆者所謂的「百合」一詞意義相同，故而此處的「GL的系譜」即可視作「百合的系譜」。

一九九〇年代的少女漫畫

時代一口氣向下拉，在七〇年代有池田理代子《致兄長……》（中公文庫漫畫版）（按：台灣盜版時期譯作《青蘭圓舞曲》或《青澀花園》）等名作，另外，「百合」一詞則始自一九七一年《薔薇族》編輯長伊藤文學所提倡的「百合族」。此後GL的大浪潮發生在九〇年代，《美少女戰士》在偏離原始設定的二次創作領域引起了熱潮。

少女取向的熱門小說

集英社コバルト文庫於一九九八年刊行的《瑪莉亞的凝望》非常熱門，除了預定目標客群的女性之外，也廣受男性的支持。高年級生在低年級生中，選擇照顧一個被稱為「soeur」（法語的「姊妹」）的「妹妹」，這個設定非常具有特色。本系列小說包含外傳在內，迄二〇〇九年七月為止，共刊行三十六冊。

漫畫專門誌的刊行

二〇〇三年由マガジン・マガジン公司發行的《百合姊妹》創刊，雖然於〇五年休刊，但同年承繼其執筆陣容等形式，一迅社的《漫畫百合姫》創刊，迄今一直廣受歡迎。此

外，〇九年二月由芳文社發行的《花蕾》創刊，銷售狀況也相當順遂，近日即將刊行第三號雜誌（預定八月十一日發售）。[29]

根據該系譜所示，百合作品乃以「大正昭和時代的少女小說[30]」作爲起點，接著是「一九九〇年代的少女漫畫」、「少女取向的熱門小說」，以及百合的「漫畫專門誌」。其中「大正昭和時代的少女小說」以吉屋信子《花物語》、《屋根裏の二処女》（閣樓的兩個女孩）以及川端康成《乙女の港》（少女的港灣）爲例，被稱爲「S」的少女情誼乃是吉屋信子、

29 參照ダヴィンチ雜誌編集部編著，〈GLの系譜〉，《ダヴィンチ雜誌二〇〇九年九月号》（東京：メディアファクトリー，2009.8.6），頁197。節錄文章為筆者所譯。

30 「所謂『少女小說』是什麼？回答這個問題並不容易，根據時代或主題的定義方法會有不同的答案。譬如說，對我們日本的讀者而言，被認知為「少女小說」的《小婦人》、《長腿叔叔》等著作，在英美文學的領域中通常被稱為家庭小說。又或者，有些人認為明治、大正時期寫成的『少女小說』，與現在平成年間所寫成的小說也存在很大的差異。在此，將採取寬鬆的定義來規範這個詞彙的範圍，即以少女作為目標讀者而寫成的作品皆可視作少女小說。」參照菅聡子主編，《〈少女小說〉ワンダーランド——明治から平成まで》（東京：明治書院，2008），頁6。引文為筆者所譯。

川端康成等人創作少女小說的主題；「一九九〇年代的少女漫畫」則以武內直子《美少女戰士セーラームーン》（美少女戰士）爲代表性作品；「少女取向的熱門小說」則以今野緒雪《マリア様がみてる》（瑪莉亞的凝望）最爲著名；而百合漫畫專門誌始於マガジン・マガジン出版社的《百合姉妹》（百合姊妹），接續其後者以一迅社《コミック百合姫》（漫畫百合姬）與芳文社《つぼみ》（花蕾）作爲代表。

據此可知，百合作品的源流，基本就體裁而言可分作兩支，一是文學小說，另一是漫畫。小說的部分，由戰前的少女小說（《花物語》、《閣樓的兩個女孩》、《少女的港灣》），延續至近年的輕小說（《瑪莉亞的凝望》）；漫畫作品則皆是少女漫畫。因此從作品的取向來看，百合作品的目標客群自始便是女性，據此也可說明百合迷群多是女性，乃與百合作品本身作爲少女讀物的性質密切相關。

筆者在此參考該系譜，分別就少女小說的傳承、少女漫畫的「歪讀」（queer reading），以及百合漫畫專門誌的刊行等三個面向，嘗試說明日本百合文化成形的概況。

（一）少女小說的傳承

少女小說雖無「百合」之名，卻對日後的百合文化有重要的啟蒙作用，〈GLの系譜〉中「少女取向的熱門小說」的代表作：今野緒雪的輕小說《瑪莉亞的凝望》，被視作日本少女小說的名作之一，[31]同時也是影響現今百合文化內涵的經典之作，由此可見，今日的百合文化確有繼承少女小說血脈的影跡。

事實上，《瑪莉亞的凝望》有極其明顯效仿戰前少女小說的痕跡，最顯著的跡象即是該作原創的「姊妹（soeur）制度」。[32]在該作中，每一名低年級生都應當與另一名高年級生締結姊妹關係，並稱呼高年級生爲「姊姊（お姉さま）」，向其學習生活禮儀，而高年級生將低年級生視作「妹妹」加以照顧。女學生之間的姊妹關係，並非今野緒雪的憑空發想，而是挪用日本戰前的社

31 參照菅聡子主編，〈名セリフで読む〈少女小說〉名作ガイド〉《〈少女小說〉ワンダーランド——明治から平成まで》，頁 125-139。

32 「原本存在於莉莉安女子學園高中部的姊妹（soeur）制度，可說是從學校尊重學生自主性的方針中產生的。義務教育期間，由教師及修女們管理的校園生活被託付到學生自己手中，在她們變成必須靠自己的力量過著有秩序的生活時，採用了像是姊姊引導妹妹的方式讓學姊指導學妹，後來這規則被徹底實行，即使沒有特別嚴格的校規規定，莉莉安清新純正的校園生活，仍一代一代傳承下來。」參照今野緒雪著，陽雨翻譯，《瑪莉亞的凝望》第一冊（台北：青文，2007 年 8 月），頁 15-16。

會情境所創造出來的制度，此即〈GLの系譜〉提及之「描寫被稱之為『S』（Sister 的S）關係的少女小說大受歡迎。」的S情誼。

所謂的「S」，關西性慾研究會編著的《性の用語集》（性的用語集），即在〈おめとエス〉（目與S）條目[33]指出日本明治時代乃至戰前，女學生經常以「姊姊」稱呼欽慕的高年級生，女學生之間的親密關係亦常以「姊妹」喻之，而戰前日本女學生的姊妹關係即以 sister 的頭文字爲名，被稱爲「S」或「SIS」。惟戰前女學生的親密情誼，在戰後因爲女校的解散與男女交際方式不再如同戰前嚴守男女之防，遂失去舊有的情境而逐漸走衰。[34]前文提及少女小說的開創者吉屋信子以及文豪川端康成，皆以少女之間的S情誼作爲題材，可見戰前女學生之間的親密關係，日本社會大衆對其並不陌生。

據此可知，《瑪莉亞的凝望》中的「soeur」一詞實是英文 sister 的法文變形，而《瑪莉亞的凝望》乃是對戰前以S作爲主題的少女小說的重構之作。就文本觀之，作者今野緒雪應有留意到創作當下的平成年代，已不具有孕育 sister 情誼的時空條件，因而小說即以主人翁所處校園的封閉性作爲開場：

「平安。」

「平安。」

清爽的晨間問候迴響在清澈的青空下。

聚集於聖母瑪莉亞庭園裡的少女們，今天也展露出天使般的純潔笑容穿過高聳的門扉。

深色的制服包裹住她們不知汙穢為何物的身心。

慢慢地行走、不讓裙襬凌亂、也不使白色水手領翻起，隨時注意自己的儀容是這裡的教養；當然，在這裡也不可能會有沒規矩的學生因為快遲到而奔跑。

私立莉莉安女子學園。

創立於明治三十四年，原本是為了貴族千金而創立的一間深具傳統的天主教女子學校。

這所學園位於東京都內一處綠意盎然、且有著武藏野昔日風情的地區，是所受到神庇祐、可接受從幼稚園到大學系統性教育的少女園地。

只要在此接受十八年完整的教育，學校便能將這些千金小姐們以最嬌貴柔美的教養風

33 參照赤枝香奈子，〈おめとエス〉，收入井上章一、関西性慾研究会編著，《性の用語集》（東京：講談社，2004），頁 267-274。

34 參照赤枝香奈子，〈おめとエス〉，《性の用語集》，頁 267-274。

範送出校園，儘管時代變遷，年號從明治到平成經歷了三次改朝換代，這裡仍是碩果僅存、還留有這種修為養成訓練的珍貴學園。[35]（引文粗體為筆者所加）

小說甫一開場卽透露出強烈的時空停滯感，卽便文本之外並無 sister 情誼的社會情境，但透過這段文字敘述，作者今野緒雪直接將筆下角色拉進保留戰前情境的莉莉安女子學園，從而使失去社會基礎的女學生 sister 情誼，再度被招魂回平成時代的《瑪莉亞的凝望》。此一復活的Ｓ少女小說，於一九九八年開始創作迄二〇一二年底仍未完結，可見該作受到讀者的高度支持，進而得以進行長時間的持久創作。該作數度改編爲動畫、漫畫以及眞人電影，並且成爲許多後進百合作品的互文對象，確實展現該作在百合文化成形過程中的重要性。

就此而言，日本百合文化的脈絡，最早可溯及戰前的少女小說。少女小說所描寫的「Ｓ」情誼爲日後的百合作品主題奠下基礎，而百合文化遂接收少女小說以女性爲目標客群、同時以女性主人翁爲主體開展故事的特色。

（二）少女漫畫的「百合閱讀」（yuri reading）

少女小說之外，百合作品的另一脈絡爲少女漫畫。如〈ＧＬの系譜〉所述，一九七〇年代卽有池田理代子《青蘭圓舞曲》等知名少女漫畫屬百合作品。其實一九七〇年代具多元情慾流動模式的知名少女漫畫不在少數，百合作品與ＢＬ作品的早期名作都在此時出現。百合作品當中，除了池田理代子《青蘭圓舞曲》（1974），另有池角千惠子《孔雀的微笑》（1976）以及同是七〇年代漫畫家五十嵐優美子一九八七年面世的《巴洛士之劍》（原作爲栗本薰），皆是明確描寫女性之間戀情的作品。另外，也有並非描寫女性戀情，但因爲描寫女性之間的情誼而被認爲有百合成分的少女漫畫，如池田理代子《凡爾賽玫瑰》（1972-1973）、美內鈴惠《玻璃假面》（1976-）皆屬此類。

然而不可忽視的是，誠如〈ＧＬの系譜〉將「一九九〇年代的少女漫畫」而非「一九七〇年代的少女漫畫」，接在「大正昭和時代的少女小說」之後，可知對今日的百合文化而言，具重要影響力的應屬近二十年來的作品，其中尤以〈ＧＬの系譜〉所舉例的武內直子《美少女戰士》（1991-1997）最具重要性。

《美少女戰士》本身是一部以男女主角前世今生的戀情爲背景的作品，但該作兩名女配角天

35 參照今野緒雪著，陽雨翻譯，《瑪莉亞的凝望》第一冊，頁6-7。這段文字不只出現於第一冊，《瑪莉亞的凝望》系列作品每一冊皆以此段文字揭幕。

王遙與海王滿的曖昧關係，卻意外引起讀者的關注與討論，並因此帶動了《美少女戰士》具百合性質的同人誌熱潮。當時投入《美少女戰士》衍生創作的百合同人漫畫家，如今已有數人成爲職業的百合作品漫畫家，較知名並能爲台灣讀者所接觸者，有森永みるく[36]與林家志弦[37]二人，由此略可知悉《美少女戰士》之所以能在日本百合作品的系譜中位居要角，實因該作在推動百合文化時發揮了強大的推進力。

不僅如此，《美少女戰士》之於百合文化更具一種啟蒙意義，此即開啟「歪讀」（queer reading）少女漫畫的可能性。如同學者張小虹透過歪讀方式解讀張愛玲小說，在異性戀作家的異性戀作品中，讀出同性情慾的曖昧流動，[38]相似的歪讀方式也存在於次文化中：對同性戀情較爲敏感的漫畫讀者「歪讀」漫畫原作文本，具創作能力的讀者則具體將這樣的「歪讀」表現在同人誌創作方面。

如此將異性戀取向的ＡＣＧ作品歪讀出女同性戀情，筆者認爲將之稱爲「百合閱讀」（yuri reading）會更加適切。《美少女戰士》女配角天王遙與海王滿的曖昧關係，被讀者歪讀爲百合關係即是一例，[39]而《美少女戰士》百合同人作品的主角並不限於天王遙與海王滿的組合，更說明了「百合閱讀」帶來的各種可能，包括原作之中已有前世今生之戀人的女主角，亦被同人作家在二次創作之中設計與其他女配角配對相戀，便是顯著的例子。

36 台灣的尖端出版社於二〇〇八年八月代理出版森永みるく的作品《GIRL FRIENDS》（全五冊）。該作是以兩名女校高中生的相戀作為主題的少女漫畫。

37 台灣的東立出版社於二〇〇五年九月代理出版林家志弦的作品《星空學園》（八冊未完結）。該作是以校園戰鬥為主題的搞笑少年漫畫，作品中幾無男性登場，並且由於女性主角之間的深厚友情與強烈羈絆，為許多百合控將之歸類為百合漫畫。林家志弦在台出版更明確的百合作品是長鴻出版社於二〇一〇年十二月代理出版的《草莓奶昔 Sweet》（全二冊），是一描寫演藝圈藝人前輩與後輩戀情的搞笑少女漫畫。

38 參照張小虹著，〈女女相見歡：歪讀張愛玲的幾種方式〉，《怪胎家庭羅曼史》（台北：時報文化，2000），頁 3-26。

39 《美少女戰士》作者武內直子在連載結束之後，曾多次在不同場合親自承認天王遙與海王滿實是情侶關係。如武內直子在《美少女戰士》漫畫改版時，曾於新版漫畫中表示：「一直到現在才能說，我是試著以女同性戀關係來描繪天王星和海王星。」參見武內直子，《美少女戰士セーラームーン新装版4》（東京：講談社，2003），頁 244。節錄文字為筆者所譯。但漫畫連載之際，二者的情侶關係並未獲得正面承認，是以最初二者的戀情可歸類為讀者的百合閱讀。

日後「百合閱讀」被百合迷群運用在少女漫畫甚至少年漫畫的閱讀上，由於「百合閱讀」可說是在缺乏明確女性戀情作品的ＡＣＧ領域中拓展百合作品的唯一方式，因此「百合閱讀」成爲百合漫畫專門誌問世之前，累積百合文化能量的關鍵力量，也同時養成百合迷群歪讀ＡＣＧ作品的習慣，促成日後卽使有許多百合漫畫專門誌陸續刊行，「百合閱讀」仍是拓展百合版圖的重要力量。

(三)百合漫畫專門誌的刊行

以少女小說所描寫的女性情誼作爲基礎，以歪讀少女漫畫形構骨架，二者可謂爲共同構成了日本百合文化的雛形，而二〇〇三年六月マガジン・マガジン出版社推出的百合漫畫專門誌《百合姉妹》（百合姊妹），則可謂百合文化的重要分水嶺，標誌著百合文化的成形，正式成爲ＡＣＧ迷文化的一條支脈。

日本推出的百合漫畫專門誌數量頗豐，是相當理想的考察對象。百合漫畫專門誌首創刊物《百合姉妹》開創先鋒，最初以不定期方式（後改爲季刊）發售，刊出六冊後於二〇〇五年二月六號誌宣告停刊，但《百合姉妹》的作者群隨卽轉移到一迅社旗下於二〇〇五年七月創刊的《コミック百合姫》（漫畫百合姬），繼續發表原載於《百合姉妹》的作品，此後百合漫畫專門

誌逐漸受到各出版社的注意：一迅社二〇〇七年六月推出另一本百合漫畫專門誌季刊《コミック百合姫S》（漫畫百合姫S）；芳文社於二〇〇九年二月推出季刊《つぼみ》（花蕾），至二〇一〇年十月更改爲雙月刊；新書館出版社於二〇一〇年四月推出季刊《ピュア百合アンソロジー ひらり》（純粹百合文集：飄）；ライスリバー出版社二〇一〇年五月推出雙月刊《Comic リリィ PLUS》（Comic Lily PLUS）。迄二〇一二年結束爲止，上述的百合專門誌之中，《コミック百合姫S》於二〇一〇年十月併入《コミック百合姫》，停刊者有《Comic リリィ PLUS》以及《つぼみ》，持續連載中的百合專門誌則有《コミック百合姫》、《ピュア百合アンソロジー ひらり》。（參見表一）

雜誌名	出版社	刊物類型	創刊號年月	停刊號年月	備註
百合姉妹	マガジン・マガジン	不定期→季刊	2003 年 6 月	2005 年 2 月（六號誌）	
コミック百合姫	一迅社	季刊	2005 年 7 月	–	《百合姉妹》作者群轉移至此繼續發表原作品
コミック百合姫 S	一迅社	不定期	2007 年 6 月	2010 年 9 月（第 14 期）	2010 年 10 月併入《コミック百合姫》
つぼみ	芳文社	季刊→雙月刊	2009 年 2 月	2012 年 12 月（第 21 期）	
ピュア百合アンソロジー ひらり	新書館	季刊	2010 年 4 月	–	
Comic リリィ PLUS	ライスリバー	雙月刊	2010 年 5 月	2010 年 7 月（二號誌）	

表一：日本百合漫畫專門誌刊行狀況表（資料來源：筆者整理）

百合漫畫專門誌之外，另有類似專門誌的短篇合集作品，也就是集結「描寫女性戀情」的短篇百合作品所發行的單行本。此類百合漫畫合集的發行概念與頻率亦很接近百合漫畫專門誌，譬如オークス出版社在二〇〇四年至二〇一二年間，便發行七部合集，一迅社發行五部，エンターブレイン出版社發行四部，大都社、コスミック與光文社則各發行一部。（參見表二）

百合漫畫專門誌以及百合漫畫合集，與先前「百合閱讀」作品的不同處在於「百合閱讀」作品是在異性戀取向的作品中讀出女同性戀情，百合漫畫專門誌／合集則定位明確，並不避諱女同性戀情乃至於情色性質的描寫，促成女性之間戀情作爲主題訴求的百合作品，得以繼一九七〇年代的少女漫畫之後，再度回歸ＡＣＧ領域。

至此可知，今日所見的百合作品，如何接收少女小說以女性爲主體開展故事的特色，承繼了少女小說中的Ｓ情誼，待百合漫畫專門誌刊行，更發展出明確以女性之間戀情爲主題的百合作品，其間更透過「百合閱讀」少女漫畫乃至少年漫畫來爲百合文化拓荒，終至完整現今的百合文化版圖。事實上，這個長遠的文化脈絡，便是促成百合文化的範疇之所以廣及女性之間的友情乃至愛情的緣由。

需要注意的是，百合漫畫專門誌推出之後，仍有許多占有百合文化重要地位的作品乃是透過「百合閱讀」而來。就日本百合文化在台受容狀況而言，「百合閱讀」的作品影響力更大過百

合集名	出版社	刊物類型	創刊號年月	最新刊號年月	備註
百合天国 ~Girls Heaven	大都社	合集	2003 年 10 月	2004 年 2 月（二號誌）	目前出版兩冊
es~ エターナル・シスターズ	一迅社	合集	2004 年 3 月	2005 年 6 月（二號）	目前出版兩冊
百合姫 Selection	一迅社	合集	2007 年 5 月	2010 年 6 月（三號）	目前出版三冊
百合姫 Wildrose	一迅社	合集	2007 年 10 月	2010 年 8 月（六號）	目前出版六冊
百合少女	コスミック	合集	2009 年 11 月	2010 年 10 月（三號）	目前出版三冊
百合姫 Collection	一迅社	合集	2010 年 7 月	2010 年 7 月	目前出版一冊
Girls Love	一迅社	合集	2011 年 2 月	2011 年 7 月（二號）	目前出版兩冊
紅百合 -Girls Love H-	オークス	合集	2011 年 9 月	–	全一冊
百合缶 Feuille	エンターブレイン	合集	2011 年 10 月	–	全一冊
白百合 Girls Love Paradise	オークス	合集	2011 年 12 月	–	全一冊
百合缶 Miel	エンターブレイン	合集	2011 年 12 月	–	全一冊
百合缶 Petale	エンターブレイン	合集	2011 年 12 月	–	全一冊
桃百合 Forbidden Sisters	オークス	合集	2012 年 3 月	–	全一冊
百合アンソロジー dolce	エンターブレイン	合集	2012 年 5 月	–	全一冊
青百合 Story Of Club Activities	オークス	合集	2012 年 6 月	–	全一冊
Sis- 秘密の恋心	光文社	合集	2012 年 6 月	–	全一冊
百合☆恋 Girls Love Story	オークス	合集	2012 年 8 月	2012 年 10 月（二號）	目前出版兩冊
黄百合 Falling In Love With A Classmate	オークス	合集	2012 年 9 月	–	全一冊
彩百合	オークス	合集	2012 年 11 月	2012 年 11 月	目前出版一冊

表二：日本百合漫畫合集刊行狀況表（資料來源：筆者整理）

合漫畫專門誌，爲此本書第三章將有詳述。

第三節　華文圈百合文化經場域因素影響之定義

台灣接收日本ACG文化的路徑，傳統方法是透過市場機制引進並流通日本ACG的實體商品，至一九九〇年代以降，受到網路日漸普及影響，以網路流通ACG商品也成爲常態。

由於百合文化在日本的發展狀態，是遲至二〇〇三年才以百合漫畫專門誌形式進入出版市場，此時已是網路相當發達的時代，因而造就百合作品的跨國流通路徑以網路活動爲先，早於台灣大型漫畫出版社專門書系的成立。網路活動中，尤以設站於中國的「百合會論壇」網路社群，對凝聚台灣乃至於華文圈百合文化有極其顯著的推進力，可謂爲嫁接日本─中國／台灣／華文圈的重要橋梁。當原生於日本的百合文化透過二〇〇四年創立的「百合會論壇」傳播至華文圈／台灣ACG界時，華文圈／台灣百合迷群所認知的百合文化，已不同於日本百合文化有其多元雜糅的文化／歷史脈絡，主要是透過二〇〇〇年代以降的百合作品爲基準，最多僅前溯至一九九〇年代。如此一來，華文圈／台灣迷群所理解的「百合」一詞涵蓋範圍相對有限，形塑出有別於日本，而專屬於華文圈／台灣的百合想像。

一、華文百合文化的跨國傳播路徑：百合會論壇

爲了理解「百合會論壇」推動力的來源，首先在此簡要說明「百合會論壇」主要的網路活動內容。一般非會員者只能瀏覽討論各式話題的版面，譬如「管理版」、「討論區」、「灌水區」等十一個版面。成爲會員之後，則能瀏覽十六個版面，增加的版面之中，最熱門的乃屬「貼圖區」、「文學區」、「資源交流區」三個版面，三者的共通點是流通網路資源的功能齊全。

「百合會論壇」的會員在「貼圖區」可瀏覽其他會員所上傳的日本百合漫畫商業誌，乃至同人誌的日文原文漫畫，以及上述經由其他會員翻譯爲中文的作品，另外亦可見華文圈百合迷群原創或同人創作的插圖及漫畫；「文學區」則以提供華文圈百合迷群的原創或同人小說創作空間爲主要目的，偶爾也可見日本百合小說的中譯本；「資源交流區」則是交流影視、音樂、遊戲等網路資源的場所，其中又以日本動畫的中譯版資源爲主。

隨著百合文化成形而組織規模日漸壯大的「百合會論壇」，三管齊下地經由「貼圖區」流通百合漫畫、「文學區」流通百合小說、「資源交流區」流通百合動畫，而流通資源與會員數量二者正相關的穩定成長，遂使「百合會論壇」在磁吸效應下成爲華文圈百合文化最大的資源集散地。此即「百合會論壇」之所以成爲華文圈/台灣百合迷群主要網路活動場域的主因。

觀其發展歷程，「百合會論壇」創建於二〇〇四年十月，[40]迄二〇一一年十二月，不到八年

光陰，會員卽達十二萬之衆，[41]此一數字頗能顯示百合迷群在華文圈已然成形的狀況。惟「百合會論壇」並非以台灣人爲主體的論壇，該論壇設站於中國，管理團隊的出身則兩岸三地皆有之，論壇成員更廣及整個華文圈，包含旅居日本、歐美、東南亞地區等地之華人。（參見圖三、四）

国家或地区 (前 10) - 全部列出		网页数	文件数	字节
国家或地区				
China	cn	3233624	29129558	246.69 G字节
Taiwan	tw	1964666	13554862	181.48 G字节
Hong Kong	hk	674183	4323432	50.05 G字节
无法得知	unknown	322862	2682144	27.67 G字节
United States	us	268697	1428593	17.15 G字节
Singapore	sg	75918	646347	7.86 G字节
Canada	ca	69095	579223	7.47 G字节
Australia	au	59413	343268	4.17 G字节
Great Britain	gb	50473	402483	3.33 G字节
Malaysia	my	40214	261616	2.94 G字节
其他		196966	1390331	15.29 G字节

圖三：「百合會論壇」二〇〇六年十月網路 IP 分布狀況圖
（資料來源：百合會論壇）

国家或地区 (前 10) - 全部列出		网页数	文件数	字节
国家或地区				
China	cn	10501303	57031346	1079.83 G字节
Taiwan	tw	7830636	34143435	1040.96 G字节
Hong Kong	hk	1735473	7116291	211.98 G字节
United States	us	761379	3061405	84.61 G字节
Canada	ca	385788	1492430	49.57 G字节
无法得知	ap	363413	1810514	43.36 G字节
Malaysia	my	340052	1380854	41.10 G字节
Japan	jp	186880	865465	19.35 G字节
Libya	ly	153043	549492	17.49 G字节
Macau	mo	131734	557085	15.93 G字节
其他		617343	2482020	76.05 G字节

圖四：「百合會論壇」二〇一一年十二月網路 IP 分布狀況圖
（資料來源：百合會論壇）

「百合會論壇」的會員分布情形，亦是重要的考察對象。透過「百合會論壇」管理員所提供的圖三與圖四進行比較可知，至少在二〇〇六年十月與二〇一一年十二月的時間點，兩岸三地的百合控乃是「百合會論壇」中最活躍的前三名會員，依序為中國、台灣、香港。以網頁數來觀察，IP設於中國的會員，於二〇一一年十二月發表的網頁數有一千三百二十餘萬帖，而IP設於台灣的會員發表一千一百四十餘萬帖，IP設於香港的會員則發表兩百二十二餘萬帖。據此可知，雖然該論壇十二萬會員並非全數盡為台灣人，但台灣百合控在該論壇活動頻率非常之高則是無可懷疑的，也可合理地據此推論出台灣百合控占「百合會論壇」的會員比例應當相對的偏高。

「百合會論壇」的會員分布情形，亦是重要的考察對象。透過「百合會論壇」管理員所提供的圖三與圖四進行比較可知，至少在二〇〇六年十月與二〇一一年十二月的時間點，兩岸三地

40 論壇正式啟用則是二〇〇四年十一月。

41 筆者在此特別感謝「百合會論壇」管理員 siyeclover 提供二〇一一年底的會員列表以及圖三、圖四之IP分布圖。經筆者統計會員列表，自論壇創立二〇〇四年十月二十日迄二〇一一年十二月三十一日止的會員數，總數共計一二九六二二人。

的百合控乃是「百合會論壇」中最活躍的前三名會員，依序爲中國、台灣、香港。以網頁數來觀察，ＩＰ設於中國的會員，於二〇一一年十二月發表的網頁數有一千三百二十餘萬帖，而ＩＰ設於台灣的會員發表一千一百四十餘萬帖，ＩＰ設於香港的會員則發表兩百二十二餘萬帖。據此可知，雖然該論壇十二萬會員並非全數盡爲台灣人，但台灣百合控在該論壇活動頻率非常之高則是無可懷疑的，也可合理地據此推論出台灣百合控佔「百合會論壇」的會員比例應當相對的偏高。

容易招人質疑的是，「百合會論壇」中台灣的百合控相當活躍，但未必表示台灣百合控的主要活動場域即是「百合會論壇」，如此一來，以「百合會論壇」作爲台灣百合控的考察場域是否不妥？然而筆者必須指出，台灣百合控在網路活動的場域確實以「百合會論壇」爲主。台灣百合控其他的網路活動場域另有三處：匿名的圖片討論版網站Komica2的子板塊「YURI」版；[42]台灣大學電子布告欄系統批踢踢實業坊的討論區之一「ＧＬ」版；[43]台灣知名ＡＣＧ社群網站「巴哈姆特」的哈啦區「百合天國」版。[44]但三者的活動力遠遜於「百合會論壇」，以新主題的發帖量來觀察，「YURI」版、「ＧＬ」版、「百合天國」版一日不過數帖乃至十數帖新主題，而「百合會論壇」則一日數十帖乃至百餘帖。

此情形與「百合會論壇」作爲百合作品的資源集散地有關，由於上述三個網路討論區受限於網頁操作介面，以及國家法規如智慧財產權法，僅能達到針對文本進行討論的作用，無法傳播、流通百合作品如動漫畫、小說等網路資源。設站於中國的「百合會論壇」則因爲中國尚未建置嚴謹的國際著作權法，而使得傳播、流通百合相關資源成爲可能，台灣百合控也因而隨之群聚於「百合會論壇」。

台灣百合控既以「百合會論壇」爲主要活動地，台灣的百合文化遂不可避免地受助於「百合會論壇」的力量方能成形。根據圖三與四的統計分析，其所顯示的台灣百合控在「百合會論壇」之高活動頻率，亦足以說明台灣百合控在推廣華文圈百合文化有其貢獻。特別要提出的是，台灣更有相異於其他華文地區之處，即台灣社會引進且吸收日本大眾流行文化的速度最快，而台灣ＡＣＧ界對日本ＡＣＧ次文化的流行趨勢同樣有緊密追隨的現象，[45]也是因此，當百合文化透過出版機制進行傳播的過程中，台灣在華文圈ＡＣＧ界便先於其他國家而起了領頭的作用。

台灣漫畫出版市場於二〇〇六年即有大型出版社以百合專門書系出版日本的百合漫畫，促

42 參照 Komica2「YURI」（來源：http://komica2.dreamhosters.com/index2.htm）。
43 參照批踢踢實業坊「ＧＬ」（來源：http://www.ptt.cc/bbs/GL/index1.html）。
44 參照巴哈姆特哈拉區「百合天國」（來源：http://forum.gamer.com.tw/B.php?bsn=60405）。

使百合文化得以在文化場域的檯面上流通。華文圈ＡＣＧ界的其他地區，中國方面雖有盜版進口日本百合漫畫，但以盜版漫畫的低普及率及其地下化的本質，不僅欠缺系統性的引介，甚至在迷群之間也罕能流傳，很難對於中國ＡＣＧ界產生影響，尤其如今處於網路發達的時代，盜版漫畫實體書的影響力已大不如前，且中國幅員廣大，更難普及。因此無法據此認爲百合文化已在中國的ＡＣＧ文化場域檯面化，而中國ＡＣＧ產業更無法對華文圈百合出版事業產生領頭作用。

另一方面，香港接收日本ＡＣＧ文化脈動的速度不亞於台灣，而對百合文化的接收，香港ＡＣＧ界亦不落人後，香港出版市場亦可見百合漫畫的蹤影即是佐證。然而，香港並非由當地的本土出版社向日本購買版權，翻譯出版香港中文版的百合漫畫，而是直接引進台灣出版的日本授權中文版漫畫。由此可知，目前的香港出版市場中，百合漫畫仍無足夠的內需市場作爲支撐，導致香港本土出版社並未出版符合當地民情的翻譯作品。[46]必須透過台灣中文版漫畫才能在香港引進百合作品的事實，更已說明台灣在華文圈百合文化中的領導地位。

其他華文地區如馬來西亞、新加坡的百合文化更處於網路流通狀態，在在顯示台灣以外的華文地區的百合文化，尚未達到支撐出版市場的能量。就筆者觀察，其他華文地區的百合控除了購買原版日文漫畫之外，台灣中文版漫畫是另一重要的選購方向，尤其是對於不諳日文的百合控更是如此。易言之，台灣百合專門書系的出版，已成為百合文化在網路傳播以外的重要推手。

值得注意的是，日本原生百合文化在透過傳播路徑為華文圈／台灣ＡＣＧ界所認知與接受的過程中，不免受到傳播路徑的影響，「百合會論壇」因而形塑出與日本原生百合文化不同的「百合」認知與定義。下文即擬透過百合迷群的主要活動場域「百合會論壇」網路社群，觀其如何形構跨國生成的華文圈ＡＣＧ界，乃至於台灣ＡＣＧ界的「百合」想像。

---

45 台灣向來對日本大眾流行文化的接納度高，一九九〇年代的哈日風潮即是例證，ＡＣＧ文化則是哈日文化中相當重要的一環。相關研究請參照岩淵功一，〈日本文化在台灣：全球本土化與現代性的「芬芳」〉，當代 7=125，1998.01，頁 14-39；李衣雲，〈解析「哈日現象」：歷史・記憶與大眾文化〉，思想編委會編著《台灣的日本症候群》（台北：聯經，2010），頁 99-110。

46 香港的進口漫畫出版市場中，當地出版公司直接向日本購買版權發行香港中文版的狀況，通常是針對知名的暢銷漫畫，譬如香港三大漫畫出版社：文化傳信、天下、正文社曾分別出版《DRAGON BALL》（七龍珠，港版譯作《龍珠》）、《ONE PIECE》（航海王，港版亦作《ONE PIECE》）、《NARUTO—ナルト—》（火影忍者，港版譯作《狐忍》）等暢銷日本漫畫，可見香港出版社除了可確保回收的作品之外，採取向台灣進口現成的授權中文版作品，是躲避風險的常用辦法。

二、華文圈的「百合」想像

本章開頭卽已針對ＡＣＧ界之中，華文圈迷群間的「百合」通俗定義與日本原生文化的「百合」定義進行考察，說明二者在傳播的過程已經產生變化，筆者認爲其中最大相異之處卽在於：日本的「百合」一詞，最初的定義包含女同性戀與ＧＬ，三者並沒有明確的分別；華文圈則受到傳播路徑「百合會論壇」影響而產生區隔，因此對華文圈百合迷群而言，「百合」、「ＧＬ」、「女同性戀」（Lesbian）三詞基本上不能畫上等號。關於三者異同的討論，在「百合會論壇」不絕如縷，譬如〈彌補薄弱的理論環節．關於百合與ＧＬ定義的有獎徵文〉[47]、〈爲什麼大家要持之以恆的討論百合、ＧＬ和ＬＥＳ的區別聯繫？〉[48]等討論串，光從討論串的名稱便可知道關於這類詞彙定義的討論之頻繁。這樣的討論之所以長期在迷群之間爭論不休，主要肇因於「百合」、「ＧＬ」、「女同性戀」三詞在日本原生百合文化無甚區別，而在華文圈百合文化卻各有差異，因此有堅持原始定義者、亦有認定轉變後定義之人。要釐清紛爭，首先必須了解華文圈「百合」、「ＧＬ」、「女同性戀」三詞的定義差異所在，與此同時，筆者也將透過歷史性的爬梳，指出場域因素如何影響華文圈通俗定義與原生百合定義產生差異。

（一）百合與ＧＬ的區隔

在華文圈百合迷群之間，百合與ＧＬ二者意義不同顯然是主流觀點，譬如巴哈姆特「百合天國」版會員ddt58438m在討論串〈不知小妹我對百合和ＧＬ的區分是對還是錯呢？〉中的理解：「我個人認為百合…因該（按：應該）就是曖昧不清…但最大的限制也只到接吻吧？！至於ＧＬ…我是認為以全壘打（按：指發生性行爲）那種！渴望對方的那種心理…。」[49]又或者如「百合會論壇」會員misato在討論串〈爲ＧＬ正名——ＧＬ和百合的區分並不重要！〉中疾呼「百合和ＧＬ之間需要楚河漢界嗎？」[50]，直指二者在華文圈百合迷群心中甚至有極大的鴻溝。究其差

47 參照百合會論壇，管理員筱林透，〈彌補薄弱的理論環節．關於百合與ＧＬ定義的有獎徵文〉（來源：http://www.yamibo.com/forum.php?mod=viewthread&tid=14571&highlight，2005.11.23），網頁瀏覽日期為2013.11.20。

48 參照百合會論壇，tsinsword，〈為什麼大家要持之以恆的討論百合、ＧＬ和ＬＥＳ的區別聯繫？〉（來源：http://www.yamibo.com/forum.php?mod=viewthread&tid=58411&highlight，2007.8.12），網頁瀏覽日期為2013.11.20。

49 參照巴哈姆特哈拉區「百合天國」版，ddt58438m，〈不知小妹我對百合和ＧＬ的區分是對還是錯呢？〉（來源：http://forum.gamer.com.tw/C.php?bsn=60405&snA=520&tnum=4，2009.10.18），網頁瀏覽日期為2013.11.20。

異，宜透過迷群本身所提出的理解來觀察：

我一直想知道百合與GL的關係

到底是只是「程度」的差異，或者是「本質」上的不同？

來百合會一陣子了，看了好多帖子，我仍然找不到答案（或是我漏看了？）

若說兩者是「程度」上的差異似乎是百合比較「純精神」，是女孩子與女孩子非愛情的美好情感聯繫

而GL，與LEZ似乎是相近的，反正就是已經到了愛情的程度

（既然是愛情，所以在其中會產生肉慾也是自然而然的事）

既是程度上差異，就會有「這樣再發展下去就變GL了。」的那種說法

本質是相同的，百合有變成GL的潛力。

之前看的討論，很多都是這個論調的。

或是，有時會看到另外一種，堅持「百合就是百合，不要跟GL混為一談！」的說法。

可惜的是，除了略帶堅持的口氣外，我在這樣的帖子裡常常看不到支持「百合非GL」的具體理由

即使有，也常常是我上面說的「只是程度差異」
（題外話，有些帖子最妙的是，會堅持「百合比較純潔、神聖」
：可是，即使是LEZ，也可以不要肉體關係，但還是美好的「愛情」啊：這種分法，
似乎粗糙了點？）
後來，個人在猜，百合與GL是否也可能根本就是本質上的差異？
會「百合」的人，就不可能是GL而GL的情形，也不可以用「百合」來混淆視聽？
如果以「百合」是女孩間的非愛情親密來定義
LEZ的女孩子，因為跟女孩之間可能有愛情，往往反而不會對女生朋友有太多親密
的肢體接觸？
即使心靈上，也因為可能往愛情發展了，反而不會出現百合的那種純朋友但是很親暱
的情形？[51]

50 參照百合會論壇，misato，〈為GL正名——GL和百合的區分並不重要！〉（來源：http://www.yamibo.com/forum.php?mod=viewthread&tid=19017&highlight，2006.2.9），網頁瀏覽日期為2013.11.20。

根據這一則主張「百合」與「ＧＬ」二者有所差異的觀點來看，可知「百合」與「ＧＬ」的不同至少可以從兩方面下定義，一是程度上的不同，二是本質上的不同。前者乃指百合與ＧＬ是精神關係至肉體關係的程度差異，二者基本上都屬於女同性戀（引文所謂ＬＥＺ卽Lesbian）；後者所謂「百合」與「ＧＬ」本質上的差異，則是認爲ＧＬ與女同性戀二者近義，而將百合與女同性戀完全斷裂。「百合」與「ＧＬ」之間究竟是否有本質上的差異，並不是筆者在此所欲關切的重點，筆者所關切的是，「百合」與「ＧＬ」如何在演變過程中產生了差異？

要回答這個問題，必須對「百合會論壇」本身的創立歷史有所認識。「百合會論壇」設立於二〇〇四年十月，最初以輕小說《瑪莉亞的凝望》中的學生會組織「山百合會」之名，命名爲「山百合會論壇」。然而，其雛形在二〇〇四年一月《瑪莉亞的凝望》動畫第一季開播之際便已形成——原先群聚於ＡＣＧ資源豐富的「動漫花園論壇」，因喜愛《瑪莉亞的凝望》動畫而形成小團體[52]——後因故更名爲「百合會論壇」，今日網路上暱稱「百合會論壇」爲「300」，典故卽取自「山百合會」的「山百」。[53]

「百合會論壇」的組成自始便與《瑪莉亞的凝望》關係密切，換句話說，對華文圈百合文化而言，最早具重要影響力的作品實是《瑪莉亞的凝望》，而非風靡於一九九〇年代的知名少女漫畫《美少女戰士》，更遑論日本戰前的少女小說。筆者認爲這便是華文圈ＡＣＧ界狹義「百合」

被定義爲「友達以上、戀人未滿」之女性愛的緣故：當描寫女校高中生之間細膩情感互動的《瑪莉亞的凝望》成爲「百合會論壇」的典律之時，華文圈的「百合」便更傾向於精神性的情感關係。

同時應當注意到，在「百合」一詞進入華文圈ＡＣＧ界之前，華文圈ＡＣＧ界即已採用與Ｂ

51 參照百合會論壇，tun，〈ＧＬ vs 百合〉（來源：http://www.yamibo.com/forum.php?mod=viewthread&tid=55026&highlight，2007.7.1），網頁瀏覽日期為2013.11.20。

52 「300的組織是聖母第一季開始的時候在花園揭竿而起的同年十月不想再寄人籬下才建立了自己的論壇最早是用的HWSZ，當時也都是在花園結識的一小堆朋友後來改的這種，慢慢的擴大（可以說是突然之間壯大了）」參照百合會論壇，edith，〈300的生日是哪天啊？〉，灌水區版主TAKI的回覆（來源：http://www.yamibo.com/forum.php?mod=redirect&goto=findpost&ptid=97331&pid=35423831&fromuid=37509，2009.4.1），網頁瀏覽日期為2013.11.20。同時依據筆者與「百合會論壇」資深成員巴黎街頭藝人的對談，確認「百合會論壇」的構思始於群聚於「動漫花園論壇」的小團體，該團體成員成為日後「百合會論壇」創建初期的會員。

53 「本〝百合會〞論壇原名〝山百合會〞…其名取自聖母在上相關學生會組織　由於特殊原因改為〝百合會〞」參照百合會論壇，edith，〈一直有個疑問，百合會與山百合會有關係麼？〉，灌水區版主TAKI的回覆（來源：http://www.yamibo.com/forum.php?mod=redirect&goto=findpost&ptid=84220&pid=35107264&fromuid=37509，2008.8.14），網頁瀏覽日期為2013.11.20。

L（Boys' Love）相對的用詞「GL」（Girls' Love）一詞來比喻女性愛。誠如「百合會論壇」會員lightwang在〈百合和GL的分分合合〉討論串透過迷群經驗指出：

> 十年前（按：一九九九年）的天朝（按：指中國）當然也不會有幾個人知道百合除了花名以外還有別的指代意義。不過，女同性愛題材的ACG作品並不是沒有流入天朝。作為一類敏感題材，參與討論的人當然不會在大庭廣眾前就照字面直接說某某女同性愛作品如何如何，一個較為隱晦的稱呼是必須的。不用說，這裡登上歷史舞臺的就是Girl's Love既GL了。作為簡單的英語也符合表意，也正好與當時在天朝已經有認知的BL對應。雖然現在進行最初考證已經不太現實了，不過在百合這個詞彙沒有在天朝普及開來之前，GL是主要指代女同性愛ACG題材這一點上是毫無疑問的。我們也應該看到，在當時環境相對閉塞，該類作品也極其稀少的情況下，實際上使用GL這一詞彙的人也並不多。[54]

雖然引文中以中國爲例，但就筆者身爲台灣百合迷群的經驗，亦對早期「GL」一詞的使用有類似的認識，換言之，「GL」一詞早於「百合」更早爲華文圈百合迷群所知，然而，當華文圈

「百合」一詞彙在引進之初，便因《瑪莉亞的凝望》而被賦予精神戀愛的聯想，此時同樣象徵女性之間戀情的「ＧＬ」，便很容易傾向女性明確的愛戀與肉體關係，尤其當「ＧＬ」是相對於當時明確描寫男性之間戀情與肉體關係的「ＢＬ」之時，這樣的聯想便益加地受到鞏固，於是乎，華文圈百合迷群口中所謂的「百合」與「ＧＬ」，遂各自指涉不同的意涵。

（二）百合與女同性戀的區隔

更進一步地，筆者認爲設站於中國的「百合會論壇」是華文圈「百合」與「女同性戀」不能畫上等號的原因之一。「百合會論壇」管理組織非常介意觸碰到「百合控是否等同同性戀」之類的問題，譬如「百合會論壇」中〈絕美！內地首個女同性戀結婚照曝光〉討論串，灌水區版主melly在十分鐘之內便以「這類話題請發往ＬＥＳ論壇謝謝」爲由將該討論串關閉；[55]又如〈【調

54 參照百合會論壇，lightwang，〈百合和ＧＬ的分分合合〉（來源：http://www.yamibo.com/forum.php?mod=viewthread&tid=107909&highlight=，2009.10.19），網頁瀏覽日期為2013.11.20。

55 參照百合會論壇，一夜輕舟，〈絕美！內地首個女同性戀結婚照曝光〉（來源：http://www.yamibo.com/forum.php?mod=redirect&goto=findpost&ptid=62445&pid=3455207&fromuid=37509，2007.10.2），網頁瀏覽日期為2013.11.20。

查向】百合控中有多少個是ＬＥＳ的？〉針對百合迷群性向進行調查的討論串，不到半小時即遭灌水區版主 TAKI 關閉。[56]然而並非全數觸及女同性戀的話題都會被鎖帖，可見管理組織仍有拿捏尺度，筆者推測其動機可能意在迴避中國官方網路管理員所規範的敏感議題，衆所皆知中國官方的網路管理員會限制網路論壇的主題，從種種跡象觀察，同性戀也在規範之列，因此可以說明「百合會論壇」的管理組織面對女同性戀話題的討論時，之所以經常採取打壓或鎖帖對策的原因。

依照前文的梳理，華文圈百合文本的脈絡是以二〇〇〇年代以降的作品，如《瑪莉亞的凝望》爲基準，再回溯追認舊有作品的「百合屬性」。經筆者針對華文圈百合網路社群如「百合會論壇」、Komica2「YURI」版、ＰＴＴ「ＧＬ」版以及巴哈姆特「百合天國」版的觀察與判斷，華文圈百合迷群所追認的作品當中，時代最早並最具重要影響力者，當是同屬描繪女性情誼與曖昧關係的《美少女戰士》漫畫（一九九一年起連載），其次應屬一九九七年由動畫導演幾原邦彥率領，由 BE-PAPAS 團隊擔任原作、劇本等，日本跨媒體製作的動畫《少女革命》。

避談女同性戀一事，恰巧可以說明追認經典的時間點何以停在《美少女戰士》爲止，如今在華文圈百合控當中論及百合早期的重要作品，多是在一九九〇年代以後的作品，而此前頗具多元情慾流動的少女漫畫，如前文述及的池田理代子《青蘭圓舞曲》、池角千惠子《孔雀的微笑》

以及五十嵐優美子一九八七年的作品《巴洛士之劍》，反而因其接近女同性戀的故事描寫，皆極罕為百合迷群所討論，更遑論被納入華文圈百合迷群所謂「百合經典」之中。

當然，如從「百合會論壇」開創之年起算，二〇〇四年加入「百合會論壇」的會員，平均年齡大約不可能超過四十歲，無法追認至一九七〇年代便極有可能是受限於閱聽經驗。可是，如此便不能解釋同屬一九七〇年代的作品，如池田理代子的《凡爾賽玫瑰》，卻獨獨出現時常為論壇會員所提起、討論的實際狀況；而很遺憾地，《凡爾賽玫瑰》作品呈現明確的男女情感走向，終使該作未能成為百合經典。

另外，台灣東立出版社於一九九七年出版的台灣本土少女漫畫《一輩子守著妳》亦是一例，該作描寫兩名女中的學生相戀，卻不為家人所諒解而走上絕路的故事，該作未被華文圈百合迷群視作百合經典，甚至很少被討論，在在指向明確女同性戀作品，並不受到「百合會論壇」形構而成的華文圈百合文化的青睞。

56 參照百合會論壇，★Vampires★，〈【調查向】百合控中有多少個是ＬＥＳ的？〉（來源：http://www.yamibo.com/forum.php?mod=viewthread&tid=102241&highlight=%B0%D9%BA%CF%BF%D8，2009.7.1），網頁瀏覽日期為 2013.11.20。

根據上述爬梳，「女同性戀」元素遭受排除的現象，是相當明顯的。相對來看，華文圈百合迷群認可爲「百合經典」的作品諸如《美少女戰士》、《少女革命》、《瑪莉亞的凝望》等的共通性，則皆指向女性之間不明確的曖昧關係。因而就在「百合會論壇」作爲百合文化的重要傳播重鎮之外在因素的影響之下，促成華文圈百合文化「百合作品」和「女同性戀作品」產生了斷裂。然而，描寫到女性戀情的「百合」作品，實際上很難與「女同性戀」切割，因此令人聯想到女性之間戀情與肉體關係的「ＧＬ」再度派上用場，成爲ＡＣＧ作品中「女同性戀」的對照語。這便是華文圈百合文化中，「百合」、「ＧＬ」、「女同性戀」三詞之所以形成看似同義、又似對立，實則有微妙差異之關係的歷史緣由。

第四節　象限式的廣義百合定義

經過上述的歷史性梳理，可知日本原生百合文化對「百合」的認知，乃涵蓋範圍廣及「ＧＬ」、「女同性戀」，而華文圈百合文化則認爲三詞各有異同，換言之，華文圈百合迷群的「百合想像」已與日本原生百合文化的原貌不同。

然而，筆者認爲華文圈將「百合」、「ＧＬ」、「女同性戀」三者加以區分的定義方法，其實並不符合實際狀況，尤其百合漫畫專門誌的出現，更使女性之間的戀情與明確的肉體關係，得以公然進入「百合」的殿堂，直指狹義的「百合」認定標準（精神性戀愛）早已脫離現實，而終至必須接納「GL」以及「女同性戀」作品成爲「百合」的一員。是以「百合」、「GL」、「女同性戀」各自具備不同意義而又多重交集的關係，其實是三位一體，三者方才能共同形構出「百合文化」的全貌。

此外，筆者認爲解決始終爭論不休的華文圈百合定義的辦法，便是捨棄過於狹隘的定義方法，尤其是當華文圈在進行相關詞彙的定義之時過於二分法——即將「百合」與「GL」視同「精神愛／肉體愛」之關係，而將「女同性戀」與「百合」、「GL」視爲「現實／ACG」的差異——如此區隔只會導致「百合」內涵不斷產生斷裂和意義模糊，因此筆者在此將提出個人對百合的詮釋：「百合」應該採取最廣義的定義方式，以容納「女同性戀」、「百合」、「GL」三者。由於光譜式或疊圖式的定義不足以詮釋廣義百合，筆者試著藉由象限式的定義方式來理解廣義百合的構成（參見圖五），相信將會更加完整：

在垂直座標上，以作品的寫實程度來做區別，即「現實／ACG（架空）」的差異；在水平座標上，則以情感結構來區別，女性之間的情誼即以「友情（精神愛）／愛情（肉體愛）」的開展進行區隔。如此，第一象限中現實／愛情（肉體愛）的交集即可指涉「女同性戀」；第二象限中現實／友情（精神愛）的交集則指涉「女性間的友誼」；第三象限中ACG（架空）／友情（精神愛）的交集指涉友達以上、戀人未滿的「狹義百合」；第四象限中ACG（架空）／愛情（肉體愛）的交集指涉「GL」。透過象限式的百合定義，便可以同時解釋「女同性戀」、「百合」、「GL」的關聯性，並一方面顧及廣義「百合」由不同組成份子構成的複雜性，另一方面又令不同組成份子保有各自獨立的定義。

其中應加以說明之處在於此縱橫軸的區隔，並不是意味著筆者以「現實／ACG（架空）」作為分界線，將「女性間的友誼／女同性戀」視為對「狹義百合／GL」的投射，否則將仍然使「女同性戀作品」與「百合（GL）作品」發生斷裂。事實上有許多漫畫作品由於寫實程度甚

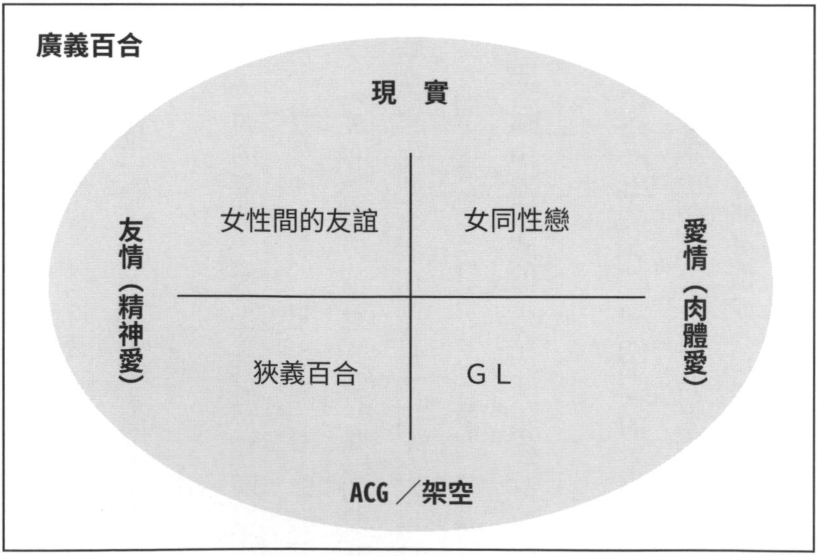

圖五：象限式百合定義圖釋（資料來源：筆者繪製）

高，而可列居第一象限，以圖六為例，以平實手法描繪現實女性同性戀情的《變調的旋律》以及《青之花》皆可歸屬於第一象限，因此不能簡單地以文類（ACG與否）作為區隔「百合」與「女同性戀」的標準。

經此闡述，筆者主張廣義百合定義應同時涵蓋「女同性戀」、「百合」、「GL」三者。若用以回應華文圈迷群視「百合」作品與「女同性戀」作品有所區隔的慣例，筆者認為應該說是：廣義的「百合」作品可以涵蓋「女同性戀」作品，而「女同性戀」作品卻不等同於廣義的「百合」作品（甚至亦與狹義百合不同），二者是

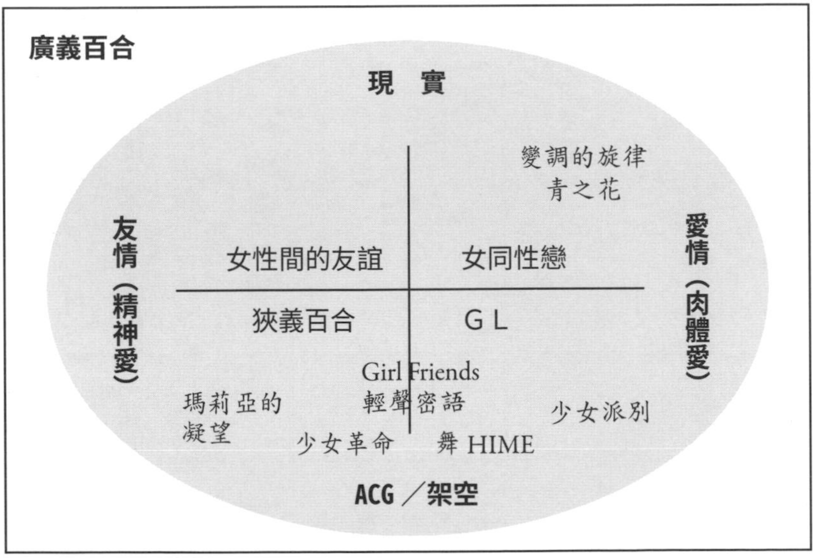

圖六：象限式百合作品分布狀況圖（資料來源：筆者繪製）

「白馬是馬、馬非白馬」的關係，而不是「現實／ＡＣＧ」的差異。

同時，各個象限的定義可以顧全華文圈所認爲的「女同性戀」、「百合」、「ＧＬ」各自不同的狹義定義，而四個象限的總合作爲廣義的百合定義，則能符合日本方面對「女同性戀」、「百合」、「ＧＬ」無甚區別的認知，故而筆者構思的象限式百合定義能一併兼顧日本與華文圈對「百合」的想像，應屬比較理想的定義方法。

第三章

百合文化的在台受容

經過第二章的爬梳，可知日本百合文化歷經戰前乃至二〇〇〇年代的發展，已獨立爲次文化中的一支次文化，華文圈則自二〇〇〇年代前期開始以網路活動接收日本百合文化，其中又以「百合會論壇」的影響力最爲廣泛。將目光轉移到台灣，二〇〇〇年代後期，台灣漫畫出版業者開始注意到百合市場，尖端出版社與東立出版社皆爲日本百合漫畫開闢了專門書系。爲認識百合文化的「日本—華文圈—台灣」的移動脈絡，本章將集中探討日本百合文化跨海來到台灣的受容狀況。

基於台灣百合文化與華文圈百合文化共同於「百合會論壇」形構而成的客觀事實，本章將以「百合會論壇」爲考察對象，觀察華文圈百合文化成形的過程，華文圈乃至台灣百合迷群如何透過百合閱讀（yuri reading）以及翻譯日本百合作品，將百合文化引介進入華文圈。藉此，筆者試圖闡述「百合會論壇」如何在百合文化成形過程中發揮影響力，並指出「百合會論壇」之所以能居於推手位置，實有其時空條件。

最後，筆者將探討接收外來百合文化的過程中，台灣的百合迷群如何展現其能動性

（agency）。這個部分主要由兩個角度切入，一是百合迷群的在地生產，也就是百合同人誌的創作，二是百合迷群所累積的能量，足以促使日本百合漫畫商業誌由網路流通的階段發展到正式在台上市的規模。台灣百合迷群在推動迷文化過程中，一方面藉由同人誌創作展現在地生產的可能，將外來的百合文化內化為屬於自己的文化，另一方面則透過迷群的消費力與專業能力影響業界，促成百合文化以商業誌的形式進入一般非迷群的閱讀空間，以上皆屬台灣百合迷群之能動性的具體表現。在網路流通以外，本章亦將透過梳理台灣迷群的百合同人誌創作情形，以及台灣漫畫出版社設立百合漫畫專門書系，及其所出版的日本百合漫畫商業誌的現況，透過二者在台灣的發展狀況，以供認識百合文化在台灣的受容過程。

第一節　華文圈百合文化成形概要

一、一九九〇年代台灣本土ACG的女同性愛：無「百合」文化脈絡可循

上一章已述及，在華文圈乃至台灣ACG界，「百合會論壇」展開的網路活動非常活躍。由於該論壇成員對日本百合作品進行大量的譯介，並藉由網路平台加以傳播與流通，從而令百合文化得到顯著的推展。更進一步地說，由於網路活動遠早於台灣各大漫畫出版社專門書系的成立，因此在台灣ACG界百合文化的形成過程當中，「百合會論壇」網路社群具備相當顯著的推

動力。事實上，此前的台灣ACG界甚至並無「百合」一詞。前文曾論及在二〇〇〇年代以前，指涉ACG界的女同性戀情乃以「GL」一詞較為通用，依據筆者經驗，當時的讀者之間亦採用「女女」、「女同」等詞彙，譬如以「女女漫畫」或「女同漫畫」形容一九九七年台灣第一部描寫女性戀情的少女漫畫《一輩子守著妳》。由此可見，當時ACG界的女同性愛，更直接地聯結到女同性戀。

討論台灣百合文化發展史，當然不能忽略台灣少女本土漫畫之中，唯一以少女戀情為主題的《一輩子守著妳》，然而該作與日本百合文化沒有直接關聯，並非受到日本百合文化影響而誕生的作品。由東立出版社旗下台灣本土漫畫家沈蓮芳所繪製的《一輩子守著妳》，儘管在角色造型設定上頗有模仿日本少女漫畫《輝夜姬》的跡象，但其故事劇情卻是針對台灣社會事件的回應之作：一九九七年出版的《一輩子守著妳》，敍述兩名明星高中女校的資優學生，由相識至相戀，由於受到父母師長各方的阻擾，兩人在無力對抗世界的情況下，做出投海殉情的決定，其中倪海藍溺斃，阮書雅卻幸運地存活，事後阮書雅卻被迫向新聞媒體答覆是出於課業壓力才選擇死亡，無法承認兩人不容於社會的愛情。觀察《一輩子守著妳》劇情內容，即可知該書是回應一九九四年七月轟動全國的北一女學生相約自殺事件之作，該作兩名女主角阮書雅、倪海藍，其姓名便可能轉化自兩名北一女學生石濟雅、林青慧；劇中兩名女主角最後相約在海邊自殺，也宛若意圖呼應北一女學生在宜蘭蘇澳自殺的地點；漫畫改編兩人的結局，令獨活的阮書雅否定兩人之間的戀情，更明白地諷刺了當時社會傾向否定北一女學生石濟雅、林青慧可能的同性戀情的保守態度，直指對同性戀不友善的社會風氣，可能正是促使女學生走上絕路的原因。

從日後台灣本土漫畫再無女同性戀作品來觀察，更可確知《一輩子守著妳》是與當代台灣社會情境對話下的獨立產物，而非一個類型化的作品。就此而言，該作明顯與現在今日台灣ACG界所謂的百合文化有所斷裂，不應將之視作台灣百合文化的創始之作。

同樣地，雖然台灣本土女同性戀文學在一九九〇年代相當活躍，[1]但今日台灣ACG界的百合文化亦沒有向女同文學取經的跡象，是以台灣百合文化並不是在台灣女同性戀文學或者女同性戀漫畫的土壤中自然生成的原生種，而是在欠缺「百合」文化脈絡的社會情境之下，經由「百合會論壇」嫁接長成的外來種。

因此，爲了認識台灣百合文化的初期發展狀況，仍應以二〇〇〇年代的網路流通作爲切入點。下文將試著整理在二〇〇六年十月尖端出版社推出台灣第一個百合專門書系之前，「百合會論壇」如何拓展屬於華文圈百合文化的版圖。

二、二〇〇四年華文圈百合元年：「百合會論壇」的崛起背景

對華文圈百合迷文化而言，最關鍵的年分卽是「百合會論壇」的創立年二〇〇四年。「百合會論壇」之所以能成爲華文圈最大的百合資源集散地，進而吸引各地華文百合控投入「百合會論壇」，與當時的時空條件是密切相關的。

從時間軸來看，「百合會論壇」開創的二〇〇四年十月，距離日本首部百合漫畫專門誌《百合姉妹》推出的二〇〇三年六月僅差距十六個月，「百合會論壇」不僅很快便趕上落後的腳步，此後更緊捉住日本百合文化的脈動。然而在日本推出其他百合漫畫專門誌之前，標榜百合的作品非常稀少，論壇開創的同時，《百合姉妹》僅刊載至第四號，[2]而日本第二本百合漫畫專門誌《コミック百合姫》要到二〇〇五年七月才上市。因此，「百合會論壇」廣蒐各類具備百合可能性的作品進行「百合閱讀」，才是拓展百合文化疆域的重要力量。

不同於日本原生百合文化以小說、漫畫兩種文類作爲基礎發展而成，華文圈在推動百合文化伊始，或許是受到「百合會論壇」創始於動畫《瑪莉亞的凝望》的討論群組之影響，對初期加

1 台灣女同志文學的重要作品如一九九〇年凌煙的《失聲畫眉》、一九九一年曹麗娟的《童女之舞》以及邱妙津一九九四年的《鱷魚手記》、一九九五年的《蒙馬特遺書》等，皆於一九九〇年代出版。

2 《百合姉妹》Vol.4，（東京：マガジン・マガジン，2004年7月）。

入「百合會論壇」的華文圈迷群而言，百合動畫以及透過「百合閱讀」而被認定爲百合作品的動畫，影響力更勝小說、漫畫。

如要知悉動畫的影響力，如今在ACG界最顯著的辨別方式，卽是觀其二次創作的同人誌數量，通常越受歡迎的動畫作品，同人誌數量便越多，當同人誌數量增多，其影響力也將愈加廣泛，故而同人誌的數量向來也可反證其原作的影響力。爲認識華文圈百合控對於百合的動畫乃至其他文類作品的接受狀況，筆者以華文圈最大的百合資源網路社群「百合會論壇」作爲調查對象，檢視該論壇「貼圖區」的子版面之一「中文百合漫畫區」，其轄下統攝各類百合作品同人漫畫中文譯本的子項目「同人漫畫」版（參見圖七）的翻譯狀況，整理出該論壇自創立以來的二〇〇四年乃至二〇一二年底，共翻譯七十六種作品，計二千五百二十六筆的日本同人誌漫畫。

在此進一步說明，「貼圖區」轄下的「中文百合漫畫區」所載之漫畫作品，無論商業誌或是同人誌，皆屬日本漫畫；華文圈百合迷群的原創作品及同人創作則列在「貼圖區」轄下的「原創圖作區」，作品數量相對少於「中文百合漫畫區」所載之日本漫畫數量。因此七十六種同人漫畫乃是在日本ACG作品中，爲華文圈百合迷群認知爲百合作品的ACG作品。

整理數據的過程中，筆者發現日後許多重要的百合動畫以及「百合閱讀」動畫作品，皆集中於二〇〇四年問世，如數量排名第三的《魔法少女奈葉》、第六的《瑪莉亞的凝望》、第七的

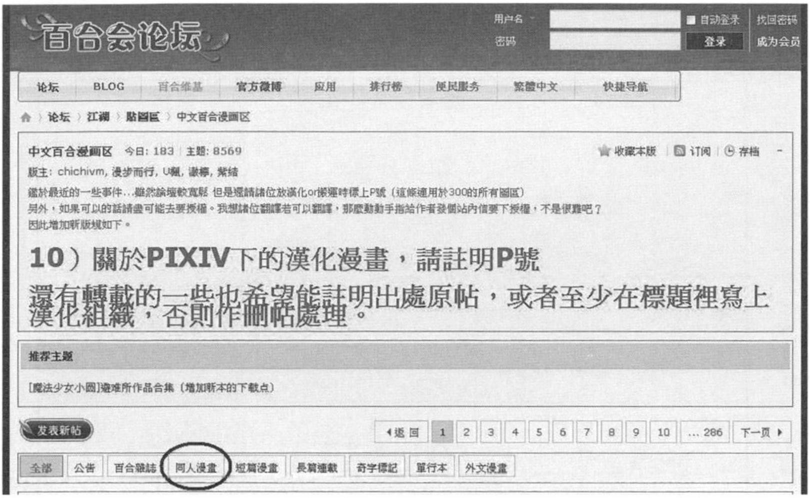

圖七：「百合會論壇／中文百合漫畫區」子版面圖示
（資料來源：百合會論壇。圓圈爲筆者所加）

《舞—HiME》三部作品（參見表三），都是在二〇〇四年推出第一季動畫的「百合閱讀」作品。

二〇〇四年除了上述三部作品，其實另有一部動畫《神無月巫女》，雖然未進入排行榜，卻在推動華文圈百合文化上，起了相當重要的影響。四部作品依照時間先後順序排列，分別是二〇〇四年一月至三月播映、由STUDIO DEEN公司改編今野緒雪原作輕小說製作的《瑪莉亞的凝望》第一季動畫；其次是二〇〇四年九月至二〇〇五年三月間播映，由日昇動畫與萬代影視製作的動畫《舞—HiME》；第三是於二〇〇四年十月到十二月間播映，由SEVEN · ARCS公司製作的動畫《魔法少女奈葉》第一季；最後是TNK公司改

排名	原著作品名稱	數量（筆）
1	東方 Project	816
2	魔法少女小圓	373
3	魔法少女奈葉系列	279
4	K-ON ！輕音部	222
5	天才麻將少女系列	195
6	瑪莉亞的凝望	94
7	舞 HiME+ 舞 - 乙 HiME[3]	75
8	強襲魔女系列	71
9	輕鬆百合	58
10	VOCALOID 系列	48

表三：百合會論壇同人漫畫數量前十名排行榜
（資料來源：「百合會論壇／中文百合漫畫區／同人漫畫」，
筆者整理。）

編介錯原作的少年漫畫，於二〇〇四年十月至十二月播映的動畫《神無月巫女》。

就內容來看，擠入「百合會論壇同人漫畫數量排行榜」前十名的三部作品之中，就有《魔法少女奈葉》、《舞—HiME》兩部作品屬於「百合閱讀」之作，而不論日本或華文圈ACG界都公認的百合經典作品《瑪莉亞的凝望》，也因為主角之間並未有明確女性戀情的描寫，因此有時也被認為是「百合閱讀」下的百合作品。換言之，二〇〇四年重要的四部百合作品之中，只有《神無月巫女》是明確指出兩名女主角之間有戀情關係的百合之作。觀看排名，前三者的後續影響力遠勝《神無月巫女》，[4]然而作品的後續影響力之有無，與前三者皆有續作、《神無月巫女》一季完結不無關聯。儘管如此，回顧二〇〇四年這個百合作品還相當匱乏的時間點，《神無月巫女》兩名女主角之間明確的戀情描寫，在百合迷群之間相當具吸引力。

---

3 《舞—HiME》為日昇動畫與萬代影視製作，於二〇〇四年九月至二〇〇五年三月播映的動畫，該製作公司於二〇〇五年十月至二〇〇六年三月推出《舞—乙HiME》動畫，《舞—乙HiME》並不是《舞—HiME》的續作，其時空背景與劇情發展完全不同，但延用了《舞—HiME》主要原型人物，因此人物關係與姓名雖有更動，仍使《舞—乙HiME》被視作《舞—HiME》系列作品。

4 依據筆者整理的「百合會論壇翻譯同人漫畫數量排行榜」，《神無月巫女》與另外兩部作品並列第三十二名。參照附錄三「百合會論壇翻譯同人漫畫數量全名次排行榜」。

從迷群對原作文本的討論熱烈程度來看，二〇〇四年之時，《神無月巫女》的聲勢更甚於前三者，以「百合會論壇」提供會員討論ACG話題的「討論區」爲觀察對象，自論壇正式啟用的二〇〇四年十一月乃至年底兩個月間，討論區共計一五一帖討論串，其中有關《神無月巫女》的討論串即有三十四帖，而《瑪莉亞的凝望》有十帖，《舞—HiME》則爲四帖，《魔法少女奈葉》更是到動畫第二季開始製作的消息傳出，方於二〇〇五年六月有第一帖討論串，至二〇〇五年十月第二季動畫正式開播之後，才眞正成爲迷群的矚目焦點。由此可見《神無月巫女》在華文圈百合迷群聚集成群之初，具有不容小覷的影響力。爲利討論，在此一併介紹這四部作品：

（一）《瑪莉亞的凝望》

《瑪莉亞的凝望》是以天主教貴族學校私立莉莉安女子學園作爲背景，以學生會「山百合會」的成員爲主角，展開的一連串校園故事。本書第二章已論證《瑪莉亞的凝望》原作輕小說乃是繼承戰前少女小說血脈的重構之作，故而該作核心主題乃是女學生之間的「姊妹」情誼，而非同性戀情。然而，經過第二章針對日本百合作品系譜的討論，便可知如此「姊妹」情誼其實就是百合情誼的一環。同時，基於該作對於少女之間纖細情感互動的細膩描寫，則更進一步地成爲百合迷群「百合閱讀」的對象，是以該作中有數對「姊妹」的姊妹情都被百合迷群解讀爲戀情。

（二）《舞—HiME》

《舞—HiME》以風華學園作爲背景，被稱作「HiME」[5]的十二名女性藉由自身對最重要之人的思念，召喚出宛如巨型機械獸的「心之子」及魔法道具。十二位「HiME」多半無意捲入舞姬之戰，但爲了挽救世界免於毀滅，以及避免戰敗後「心之子」滅亡的同時，將導致催生出「心之子」的思念之人連帶死亡，「HiME」們被迫展開舞姬之戰，彼此戰鬥直到最後一人取得勝利。

該作以三名女學生鴇羽舞衣、玖我夏樹、美袋命爲主角，作品中的百合元素，來自女配角藤乃靜留單方面對玖我夏樹抱有強烈的愛戀情愫。考察文本細節，可知這段感情是對日本古代傳說「安珍與清姬」[6]的互文（intertextuality）：傳說中少女清姬得不到僧人安珍的愛情而瘋狂，化身成蛇並殺死躲在梵鐘裡的安珍。《舞—HiME》劇中，藤乃靜留的蛇形「心之子」即名爲清姬；藤乃靜留遭到玖我夏樹的拒絕之後爲愛發狂，先後殲滅另外兩名HiME的「心之子」，導致

5 「HiME」在該作中是「Highly-Advanced Materializing Equipment」（高次物質化能力）的簡稱，參照《舞—HiME》的官方漫畫，腳本木村暢，作畫佐藤健悅，《舞・HiME》第一冊，（台南：長鴻，2005），頁23。「HiME」一詞語帶雙關地與日文的「姬」（hime，意即「公主」）同音。

該兩名 HiME 的思念之人因而逝去；藤乃靜留在教堂與玖我夏樹展開的最終對決之中，玖我夏樹更一度遭教堂的大鐘所覆蓋。

從這段敍述之中，處處可見互文「安珍與清姬」的跡象，惟結局與傳說不同，藤乃靜留沒有殺死鐘裡的玖我夏樹，而是將之解救出來。這場戰鬥最弔詭之處，在於藤乃靜留與玖我夏樹彼此是對方的思念之人，也就是說，殲滅對方的「心之子」，等於直接殺死自己。然而，為了拯救精神瀕臨崩潰的藤乃靜留，玖我夏樹最終的決定是令自身的「心之子」與藤乃靜留的「心之子」一同自爆，令兩人一起迎向滅亡。

由於「安珍與清姬」互文效果的加成，玖我夏樹與藤乃靜留之間的情感描寫得到強化，不但增加兩人情誼的故事性，加上共同赴死的淒美抉擇，皆導致相較於該作女主角鴇羽舞衣與男主角楯祐一的戀情，這對同性摯友反而予人更深刻的印象，因而促使並非以百合為主題的《舞—HiME》受到百合控的關注與喜愛，甚至被百合控目為百合經典作品之一。

（三）《魔法少女奈葉》

稍晚《舞—HiME》一個月播映的動畫《魔法少女奈葉》，屬於「百合閱讀」作品之中的重要作品。一般認爲魔法少女是低齡兒童觀看的作品，但該作有所不同，它不但帶有軍武性質，也擁有許多戰鬥場景。女主角高町奈葉受到以雪貂姿態登場的男主角由諾請託，開始搜集來自其他次元的高度文明遺產「寶石種子」，搜集過程中高町奈葉與同樣在搜集「寶石種子」的另一名女主角菲特．泰斯塔羅莎展開了競爭與對決。該作有很大的篇幅在描寫高町奈葉努力使菲特．泰斯塔羅莎投誠我方的過程，女主角二人之間由敵對到友好的情感互動正是該作情節高潮所在，相較於男女主角狀似魔法少女與魔法精靈的互動關係，兩名女主角的情誼更引人關注。

動畫發展到第二季（2005），男主角由諾的戲分越形削減，退到配角位置，更使《魔法少女奈葉》成爲百合控可以「百合閱讀」的對象。至第三季（2006）高町奈葉與菲特．泰斯塔羅莎共同監護扶養一名女童薇薇鷗，後者皆以「媽媽」稱呼前二者，三人組成一個擬似家庭。在百合控眼中，《魔法少女奈葉》儼然已是受到官方認證的眞正的百合作品，而非發揮迷群想像力的「百合閱讀」之作。

6　「安珍與清姬」傳說的內容可參照茂呂美耶，〈道成寺緣起（和歌山縣）〉，《傳說日本》（台北：遠流，2007），頁94-96。其傳說原形可參照於作者不明，日本平安時代成書的《今昔物語集》卷十四〈紀伊の国の道成寺の僧〉第三〈法花を写して蛇を救える語〉。惟〈法花を写して蛇を救える語〉並未提及僧人與女子的姓名。

（四）《神無月巫女》

《神無月巫女》是一部融和日本古代神話要素，以兩位女主角姬宮千歌音、来栖川姬子的悲劇宿命作爲故事主軸的巨型機器人作品。故事以遠古之神大蛇企圖滅世爲背景展開，兩位救世巫女不停輪迴轉世，合力駕馭巨型機器人天叢雲封印大蛇，最終則必須犧牲一名巫女作爲世界復甦的供品，致使兩名女主角在輪迴轉世的命運之中不斷相愛且相殺。《神無月巫女》播映之時，恰逢「百合會論壇」草創，劇中兩名女主角的宿命悲戀很快地吸引了華文圈百合控的目光，遂使本作在華文圈百合控心中成爲百合悲劇的經典作品。

二〇〇四年同時出現四部[7]具影響力的百合作品或許是個巧合，但這個巧合造就了同年成立的「百合會論壇」得以崛起與壯大。「百合會論壇」之所以能在華文圈百合圈居於文化推手的位置，契機可能便是論壇會員於二〇〇四年對上述作品的仲介或翻譯，促使華文圈百合控尋覓而集中於斯。

必須加以說明的是，「百合會論壇」雖然有動畫翻譯工作組，但上述四作並非全數爲「百合會論壇」的工作組所翻譯。「百合會論壇」更像是一個交換網路資源的平台，以此平台作爲百合資源的集散地，聚集至此的百合控，則又盡個人力量來反饋「百合會論壇」，譬如能取得動漫畫原始文本的百合控負責提供文本資源，具有語言能力（以日文爲主）的百合控將資源翻譯爲中文，善於創作圖文的百合控則創作百合同人誌小說或漫畫。翻譯與仲介的過程中，不斷有新的百合（或「百合閱讀」）作品被引進「百合會論壇」，而同人誌圖文創作更是迷群詮釋文本的具體實踐，並透過「百合會論壇」得以擁有發表的空間，經此不斷循環，終使百合會論壇成爲華文圈最大的百合資源集散地，以及華文圈百合迷群交流的主要社群網站。

三、華文圈百合資源集散地：「百合會論壇」的譯介

日本百合相關作品正式以「百合」之名進入台灣的出版市場，應屬尖端出版社於二〇〇六年十月推出「百合」專門書系爲首，迄二〇一二年不過六年光陰。台灣百合出版產業仍處於起步階段，但今日透過正式管道進入出版市場的百合作品，「百合會論壇」多數早已有尚未取得版權的中文譯本發布於線上，文類廣及漫畫、動畫以及輕小說，範疇涵蓋「百合閱讀」作品乃至百合漫

7 嚴格來說，對二〇〇四年的華文圈百合迷群而言，心目中重要的作品並不包含《魔法少女奈葉》，前文已述及二〇〇四年具影響力的作品應為《瑪莉亞的凝望》、《舞—HiME》、《神無月巫女》三部動畫。因此這三部動畫作品在迷群之間得到的評價相當高，這也是華文圈百合迷群慣以「百合經典」加諸於三者的原因。

畫專門誌。其中漫畫、輕小說的翻譯工作屬「百合會論壇」專設的工作組以及衆多個別會員的自發行爲，[8]而動畫則少數是「百合會論壇」翻譯組的作品，大多是援引其他翻譯組的作品，經由工作組及其他個別會員彙整至「百合會論壇」。

「百合會論壇」創立以來，許多百合作品甫刊載面世便快速地被譯爲中文版本。以《瑪莉亞的凝望》爲例，漫畫版在二〇〇四年十二月[9]譯爲中文，原作輕小說於二〇〇五年[10]一月開始翻譯，而相較於前述「百合會論壇」的自發性翻譯生態，台灣出版社正式取得授權中文版，要到二〇〇六年一月才由東立出版社正式引進官方漫畫版，原作輕小說則於二〇〇七年八月由青文出版社引進出版市場。（參見表四）

就漫畫和輕小說的翻譯狀況來觀察，整體而言，「百合會論壇」所流通的中譯本並不是全面性的譯介，常有不按順序的挑選性翻譯，但在推廣百合文化上仍發揮了很大的作用。翻譯過程中，「百合會論壇」管理組織特別重視百合漫畫專門誌，從首創刊物《百合姉妹》便開始進行翻譯。論壇「貼圖區」放置中譯漫畫的子版面「中文百合漫畫區」即有「百合雜誌」的分類（參見圖八），「百合會論壇」漫畫翻譯工作組最主要的工作，便是從事百合漫畫專門誌的翻譯。百合漫畫專門誌之外，前文已提及該論壇「中文百合漫畫區」另一子項目「同人漫畫」，經筆者整理百合會論壇創始以降，迄二〇一二年結束爲止的同人漫畫譯本，共有七十六種作品計

作品	文類	百合會翻譯的時間點	台灣取得正式授權的時間點
瑪莉亞的凝望	動畫	早於 2004 年 10 月	2010 年 5 月（木棉花國際）
	漫畫	2004 年 12 月	2006 年 1 月（東立）
	輕小說	2005 年 1 月	2007 年 8 月（青文）

表四：《瑪莉亞的凝望》翻譯時間點比較表
（資料來源：「百合會論壇」與各出版社官方網站，筆者整理）

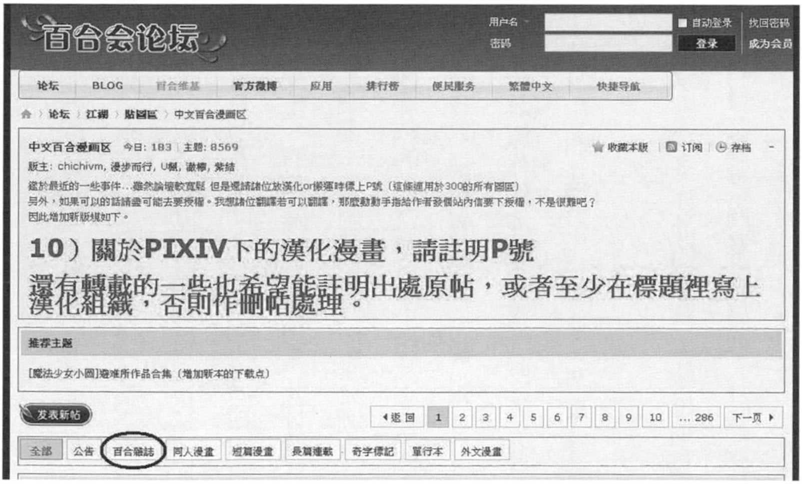

圖八：「百合會論壇／中文百合漫畫區」子版面圖示
（資料來源：百合會論壇。圓圈爲筆者所加）

二千五百二十六筆（細目參見附錄三）。

作品種類多達七十六種，可見百合同人作品的取材範圍相當廣泛，並且文類亦相當多元，除卻ＡＣＧ界的主要文類：動畫、漫畫、遊戲、輕小說之外，另有合音軟體中的虛擬歌手、現實偶像團體或流行音樂內容、網路流傳的眞人故事，以及神話或零食擬人化角色等各種不同的文類。由此可知華文圈百合迷群仲介翻譯的日本百合同人作品，其範圍之廣與數量之豐。

「中文百合漫畫區」以「百合雜誌」、「同人漫畫」的翻譯數量最豐，此外另有「短篇漫畫」、「長篇連載」、「奇字標記」、「單行本」、「外文漫畫」五個子項目（參見圖八）。其中，「短篇漫畫」通常來自百合漫畫專門誌之外的漫畫雜誌連載的百合漫畫，以及少年或少女漫畫中具有百合情節的短篇漫畫；「長篇連載」多是「百合閱讀」類型的漫畫，譬如在「百合會論壇同人漫畫數量排行榜」中名列第五的《天才麻將少女》，其原作的連載漫畫卽歸類於此；「奇字標記」是「中文百合漫畫區」版主chichivm依照個人喜好自行選譯的漫畫；「外文漫畫」則是將日文譯爲英文的漫畫。

了解到「貼圖區」轄下的「中文百合漫畫區」對衆多作品的翻譯，便可知其對推廣百合文化有一定的影響力，而這只是「百合會論壇」針對日文漫畫商業誌及同人誌翻譯的狀況——本書第二章曾述及「百合會論壇」作爲流通網路資源的平台，分別以「貼圖區」負責流通百合漫畫、

「文學區」負責百合小說、「資源交流區」負責百合動畫，從而得知「百合會論壇」流通資源之完備——由此更可理解「百合會論壇」在傳播百合文化的過程中，其所發揮的龐大能量。綜述之，「百合會論壇」作爲提供彙整與流通百合ＡＣＧ作品的網路平台，因而成爲華文百合資源最龐大的集散地，對華文圈百合文化的成形產生了領頭與推廣的作用，而台灣百合文化亦被涵蓋其中。

　本書第二章亦已論及百合文化從網路流通到進入出版市場，由於台灣漫畫出版業對日本動

---

8 關於「百合會論壇」工作組的工作內容，根據「百合會論壇」音樂影視版版主兼工作組成員的「巴黎街頭藝人」所言，「百合會論壇」工作組其實是一個鬆散的組織，多數漫畫、輕小說翻譯活動屬個人自發行為，其成員可能是基於學習日文或推廣作品等個人目的進行翻譯，與工作組工作無關。因此實際上「百合會論壇」的翻譯工作仍以個人行動發揮了較高的效能。

9 百合會論壇翻譯《瑪莉亞的凝望》官方漫畫的第一帖為第一冊（來源：http://www.yamibo.com/thread-254-1-136.html，2004.12.4），網頁瀏覽日期：2012.6.26。

10 百合會論壇翻譯《瑪莉亞的凝望》輕小說的第一帖為第八冊《美麗的歲月》（來源：http://www.yamibo.com/forum.php?mod=viewthread&tid=1165&highlight=%C3%C0%FB%90%B5%C4%9Ag%D4%C2，2005.1.21），網頁瀏覽日期：2012.6.2。青文出版社正式授權中文版的名稱為《瑪莉亞的凝望 vol.8 愛戀的歲月後篇》。

漫畫次文化的接收速度較快，促使百合文化土著於台灣的文化場域的時間點早於其他華文地區。惟百合文化的在台土著，並不完全是借助台灣大型漫畫出版社之力而成，迷群的力量更是促使百合作品由網路流通轉而進入出版市場的關鍵，台灣百合控除了透過同人誌在地生產百合作品之外，下文亦將舉例說明台灣的百合控如何透過評論以及與業者的互動介入台灣ＡＣＧ出版業界，這才是台灣百合文化真正相異於其他華文地區百合迷群之處，亦即台灣百合迷群的能動性具體展現在迷群對出版業者有其影響力，而非單純的消費者。

第二節　迷群的力量

一、在地生產：同人誌創作

迷群的能動性，從文本的解讀來看，同人創作與「百合閱讀」都能顯示迷群並非被動接受文本，而是自有一套詮釋文本的方法，此即文化理論家米歇爾．狄塞托（Michel de Certeau）所謂的「文本盜獵」（textual poaching），讀者可以在閱讀中挪用、支配文本，解讀出屬於自己的理解。[11]詹金斯（Henry Jenkins）則進一步指出，迷群是主動地依造自己的目的來理解文本，並且能將媒體消費經驗轉換成新文本的產製，甚至產製出新文化與新社群。[12]日本百合文化跨國於華文圈成形，正恰如詹金斯提出的概念：迷群能創造新文本、新文化與新社群。百合文化的異地根植，可說正是迷群主動引進而創造新文化、新社群的例證。事實上，百合文化在華文圈乃至台灣ACG界的受容，始終不以被動接收外來文化的狀態發生，而是由迷群自發地以私人力量引進外來文化，終至吸收內化爲一股屬於異地自身的迷文化。

台灣ACG界百合迷文化具體開展出屬於本土的文化成果，則應以業餘的同人誌創作爲主要考察對象。由於台灣本土ACG產業的衰微，台灣本土漫畫產業規模有限，其發行數量無法與日本進口漫畫相提並論，台灣自製動畫則僅有零星作品，而台灣自製遊戲雖然稍具規模，卻與台灣ACG迷群有脫鉤現象，是以台灣ACG界的職業創作狀況，事實上無法也無力適切反映迷文化的發展。最顯著的例子是BL迷文化在台灣風行日久，早在一九九二年新著作權法通過以前的盜版時代便有許多知名BL漫畫引進台灣，一九九二年後大然出版社搶先開闢BL漫畫專門書系，其後更是幾乎台灣所有的漫畫出版社皆跟進設立專門書系，然而，時隔二十年以上，迄今仍未得見屬於台灣原創的BL漫畫。故而可知，如要認識台灣迷文化的發展狀況，觀

11 參照約翰・史都瑞（John Storey）著，張君玫譯，《文化消費與日常生活》（台北：巨流，2001），頁66-69。

12 參照安・葛雷（Ann Gray）著，許夢芸譯，《文化研究：民族誌方法與生活文化》（永和：韋伯文化國際，2008），頁78-79。

察同人誌界顯然比職業界更加準確。

台灣的兩大同人誌販售會ＣＷＴ與ＦＦ，迷群之間咸認爲喜歡ＢＬ的迷群不能錯過ＣＷＴ，而愛好百合的迷群則應當前往ＦＦ，意卽以ＢＬ爲創作主題的同人誌社團偏好參加ＣＷＴ，以百合爲創作主題的同人誌社團則傾向參加ＦＦ。爲了解當今百合迷文化在台灣發展的現況，以ＦＦ作爲觀察對象較能有助理解百合迷文化的發展狀況。據此，筆者嘗試針對二〇一一年夏季舉行的ＦＦ18同人誌販售會[13]與會社團進行調查整理，以釐淸實際情況。[14]

ＦＦ同人誌販售會歷來皆於週末連續舉辦兩天，與會社團的數量通常第一天多於第二天，以ＦＦ18爲例，第一天有七百七十四個與會社團，第二天則僅有四百二十一個。筆者以ＦＦ18第一天爲調查對象，結果顯示與會的七百七十四個社團之中，創作品中帶有百合性質的社團共有四十五個，占全部社團的5.8％。這個數據比例如無對照者，並不容易理解其重要性，故筆者取ＡＣＧ界相當活躍的COSPLAY（角色扮演）活動作爲對照例證：ＦＦ18中販售COSPLAY相關商品的社團僅有十八個，僅占全部社團的2.3％。以上述兩筆數據觀之，卽可確知百合迷文化固然規模弱小，仍在台灣同人誌界展現一定的發展成果。

同人誌販售會具有指標性意義，足以證明百合迷文化在台灣已然成形的事實，但事實上以百合爲主題的同人創作早在網路上流通已久，顯示迷文化發展須從多方管道進行爬梳。ＣＷＴ

的前身CW同人誌販售會創始於一九九七年十月，乃是台灣第一場以商業規模展開的定期同人誌販售會，而台灣另一大型同人誌販售會FF，則晚至二〇〇二年才開辦。在此之前，早已有百合同人創作在網路上藉由論壇或個人部落格刊載與流傳，由於網路轉載圖文創作極爲普遍，流通的範圍亦相當廣泛，並且考量到早期流通於網路的圖文作品，時至今日已有許多圖片失效、文章刪除，抑或是論壇已然關閉等問題，考察第一篇網路百合同人誌創作的原始出處，顯然有實踐上的困難，在此僅以今日台灣同人誌界的高人氣百合小說作家廢死（Faith）爲例說明。

廢死是台灣少數資深且迄今仍廣受歡迎的百合同人小說作家，[15]其首篇百合同人小說衍生

13 「FF18」即第十八屆「開拓動漫祭 Fancy Frontier」同人誌販售會。該活動於二〇一一年七月三十日至七月三十一日在台灣大學巨蛋體育場舉行。

14 筆者在此特別感謝「開拓動漫祭 Fancy Frontier」籌備委員會提供參展社團的出版相關資料。

15 廢死登載同人小說的個人部落格《廢死人生 P2》，平均每日瀏覽人數在一千人上下，該部落格亦曾入選「第二屆 Xuite 部落客百傑」。廢死除了藉由網路平台發表同人小說之外，也以同人誌實體書發行多部同人小說，因作品暢銷而有數部作品再版，平均再版印刷量在一百至兩百本之數，通常同人小說初版印刷一百本已屬難得，據其再版數量亦高達一、兩百本，足見人氣之高。

自《美少女戰士》，主角卽是第二章曾述及的天王遙與海王滿，劇情以二者的戀情發展爲主軸展開，這篇同人小說創作於一九九七年，發表於專門討論《美少女戰士》天王遙與海王滿百合配對的動漫網站。[16]而這並不是台灣百合同人誌界的最早作品，僅是在目前可考的台灣百合同人小說作家之中的一個案例，據此可以合理推論百合同人創作在網路流通可能更早於一九九七年。

故而可知，台灣百合迷文化在欠缺ＡＣＧ職業界作爲發表平台的侷限之下，台灣同人誌創作乃是台灣在地生產百合作品的唯一方式，而網際網路與同人誌販售會則是發表作品的平台，進而使外來的日本百合文化在台灣ＡＣＧ出版市場引進日本ＡＣＧ商品之前，便已藉此管道進入台灣ＡＣＧ界。

二、外地引入：商業誌進口

在台灣方面，除了同人誌創作可展現迷群的力量之外，百合商品得以由網路流通的階段正式進入出版市場，亦可見台灣的百合迷群發揮的影響力。迷群主動向漫畫與輕小說出版社以及動畫代理商請求進口相關商品，在台灣ＡＣＧ界屬迷群爲促使喜愛的ＡＣＧ商品以中文版譯本問世的慣例手法，業者通常也會根據迷群的請願作爲購買版權的考量。台灣最大的漫畫與輕小說出版公司東立出版社，其官方網站便有「建議東立取得版權區」[17]提供讀者給予東立代理書籍的建議，同樣情況亦見於青文出版社，其官方網站「聯絡青文」專區[18]同樣接受讀者對代理書籍的建議；動畫代理商方面同樣如此，譬如國內少數的動畫代理商之一，普威爾國際有限公司，其官方網站的討論區即有「主題動畫—討論、推薦區」專區，[19]提供消費者推薦希望該公司代理的動畫。其他漫畫出版社以及動畫代理商雖然沒有設立讀者建議專區，但迷群以個人或聯名方式逕向個別出版社及代理商投書請求代理，亦是時有耳聞之事。

或者應該說，東立、青文與普威爾國際設置消費者投書專區的事例，正反映了台灣ＡＣＧ迷群投書之頻繁，致使出版社及代理商需要另闢專區來處理迷群的需求。由此可見台灣的迷群

---

16 此事經筆者向廢死確認無誤。筆者在此特別感謝廢死接受筆者的書面訪問。

17 參照東立出版社官方網站「客服中心／發問與建議／建議東立取得版權區」（來源：http://www.tongli.com.tw/ReaderFAQ.aspx）。

18 參照青文出版社官方網站「聯絡青文／反應青文出版的漫畫、輕小說、電玩攻略本問題，如輕小說小卡索取、翻譯錯誤、詢問版權代理、建議出書」（來源：http://www.ching-win.com.tw/?sinfo=contactus）。

19 參照普威爾國際有限公司官方網站「討論區／卡通動畫類／主題動畫—討論、推薦區」（來源：http://www.prowaremedia.com.tw/forum/）。

並非全然被動地接收台灣漫畫與輕小說出版社或動畫代理商推出的商品，迷群自發地要求出版社與代理商進口相關商品，確實影響動漫畫相關產業的出版動向，展現出迷群接收迷文化的主動性。據此可知，相較於其他華文地區的漫畫出版業，百合作品能在台灣率先代理出版，與台灣ＡＣＧ迷群和出版業界有此互惠的溝通方式有所關連。

此外，台灣百合文化更有一例可以具體說明迷群聲浪對業界的影響力，此即青文出版社正式代理《瑪莉亞的凝望》輕小說的翻譯爭議問題。前文已多次述及《瑪莉亞的凝望》實屬華文圈百合文化的經典之作，該作的無版權中譯本在「百合會論壇」便可取得，範圍更廣及動畫、漫畫、輕小說等文類。換言之，台灣的百合控早已對《瑪莉亞的凝望》的劇情相當熟稔，因此閱讀正式授權中文版的輕小說時，極易發現翻譯上的瑕疵。青文於二〇〇八年六月出版的《瑪莉亞的凝望 vol.8 愛戀的歲月後篇》，更因爲嚴重的翻譯失誤，促使青文在二〇〇八年八月推出《瑪莉亞的凝望 vol.9 櫻花》時，必須公告更正說明，並將修正後的《瑪莉亞的凝望 vol.8 愛戀的歲月後篇》譯文，以貼紙方式隨書贈送，供讀者自行修正內文。

此後《瑪莉亞的凝望》的翻譯爭議仍層出不窮，終使青文出版社在二〇〇九年對外公開徵選專屬的校潤者：

一直以來，青文輕小說廣受讀者們的回饋與指教。這次，基於《瑪莉亞的凝望》系列長期以來收到來自各界讀者的建議，縱然編輯們相當努力但仍有未盡之處，為求該系列能盡善盡美，敝編輯部決定以協助校潤「譯者原稿」方式，直接了解並採納讀者們對於本系列的想法。所以，青文輕小說首次在此公開徵求期待《瑪莉亞的凝望》能夠更加完善的諸位愛好者，參與並協助校潤敝編輯部處理本系列作品。歡迎各位對《瑪莉亞的凝望》系列有極大愛好之讀者積極參與徵選，一旦獲採用，完稿之後敝編輯部將有微薄的薪資酬謝。[20]

原先青文出版社可能是基於兼顧迷群意見的考量，並未預期迷群有相對程度的翻譯能力，故而對外徵選校潤者而非翻譯者，但日後卻以此爲契機出現了《瑪莉亞的凝望》的專屬譯者。董芃妤自二〇〇九年十二月出版的《瑪莉亞的凝望 vol.15 LADY, GO》起，擔任《瑪莉亞的凝望》輕

20 青文出版社此一徵選啟示在徵選之後便撤銷網頁，引文出自台灣ACG社群網站巴哈姆特的哈啦區「瑪莉亞的凝望」版（來源：http://forum.gamer.com.tw/C.php?page=1&bsn=40143&snA=83，2009.3.1），網頁瀏覽日期：2013.11.20。

小說的專屬中文譯者，而董芃好正是「百合會論壇」管理團隊的一員，並身兼翻譯工作組成員的「巴黎街頭藝人」。[21]

「巴黎街頭藝人」早在二〇〇六年八月，於「百合會論壇」即有《瑪莉亞的凝望》相關著作的翻譯，[22]原先在迷群之間分享劇情的翻譯者「巴黎街頭藝人」，轉爲正式出版品翻譯者董芃好的過程，正能說明百合迷群由ＡＣＧ界跨入業界的可能性，以及迷群在推動迷文化過程中所能發揮的力量不僅限於消費力，迷群對商品的評論與專業能力，都能對業界產生影響，具體展現迷群的能動性。

第三節　在台灣的土著化

日本百合文化透過華文圈迷群的力量進入台灣，然而筆者在此之所以使用「土著化」（going native），而非在地化（localization），主要是台灣雖然已經成立百合專門書系，卻至今仍未出現台灣的本土百合ＡＣＧ作品。前文述及台灣百合同人誌創作屬於在地生產之作，但所謂的同人誌可分作兩類，一類是原創類，另一類爲演繹類，前者屬於創作者個人自行出版的原創漫畫或小說作品，後者則是針對商業誌的衍生創作，就台灣同人誌創作情況而言，後者遠多於前者。就創作內容觀之，台灣創作者所衍生創作的同人誌，其互文的原作則以日本ＡＣＧ作品爲主，僅有極少數以日劇、歐美影集或者台灣偶像劇作爲互文對象，而台灣本土風格的原創作品更屬絕對少數。

外來的ＡＣＧ迷文化中，ＢＬ迷文化屬於在地化的成功案例之一，雖然以漫畫爲進軍台灣市場主力的ＢＬ文化，並沒有催生出屬於台灣本土的ＢＬ漫畫，然而台灣大眾文學領域中的暢銷文類：言情小說，則可見ＢＬ文化在台灣蓬勃發展的情形。

飛象出版社首先於二〇〇〇年開闢ＢＬ專屬書系，日後許多言情小說出版社如松菓屋、狗屋、飛田（前身爲老字號的萬盛出版社）、威向亦陸續跟進設立ＢＬ專屬書系，另外更有純粹出版ＢＬ小說的出版社成立，如二〇〇一年成立的荷鳴以及二〇〇三年成立的龍馬文化。[23]上述出

21 此事經筆者與「巴黎街頭藝人」董芃妤確認無誤。根據董芃妤所言，《瑪莉亞的凝望》輕小說翻譯工作並非她本人主動向青文出版社爭取而來，青文出版社更換譯者的主因是前任翻譯者因故辭職，而董芃妤曾於青文出版社從事校對輕小說的工作，遂接獲青文出版社通知，連同其他合適人選經過試譯與面試後，最終獲得錄用。選定譯者的過程中，董芃妤對百合文化的認識，以及作為「百合會論壇」資深成員的經歷，據信有一定的加分作用。

22 參照「百合會論壇」〈マリア様がみてる「ハレの日」【翻訳 v2】（出自イラストコレクション）〉（來源：http://www.yamibo.com/thread-30800-1-1.html，2006.8.5），網頁瀏覽日期：2013.11.20。

版社中尤其以較具規模的飛象、狗屋、飛田出版社值得留意，因其出版的ＢＬ小說作品數量龐大，且皆屬本土作家的原創小說，小說多以台灣人為主角，其內容展現出本土意識，並具有在地特色，可謂已然開展出屬於台灣的ＢＬ在地文化。[24]相較於ＢＬ，當台灣的本土百合創作仍主要衍生自日本ＡＣＧ作品之時，台灣的百合文化無法視作已然在地生根發展的「在地化」文化，只能說是「土著化」的文化。

前文已簡略論及台灣的同人誌創作情況，可知從事百合創作的同人誌社團至少在ＦＦ18占全部社團的5.8％比率，但台灣出版狀況則未加以說明。本節將透過梳理百合作品的在台出版狀況，試著觀察台灣出版市場引介百合文化的現況。

台灣以專門書系出版百合作品的漫畫出版社，迄二〇一二年為止有兩間，首先是二〇〇六年十月推出專門書系「百合」書系的尖端出版社，其次是二〇一〇年十二月推出「百合姬」書系的東立出版社。從書系名稱來看，也可看見出版社對百合文化是有所概念且自覺引進的。其中尖端出版社「百合」書系出版六部作品共計十八本漫畫，而東立出版社「百合姬」書系出版四十一部作品共計五十本漫畫。（細目參見附錄四）。

從兩間出版社的選書風格來看，尖端出版社比較傾向代理長篇連載的作品，而東立出版社則多爲一本完結篇的作品。東立的選書方向與其所合作的日本出版社有關，東立的百合專門書系以「百合姬」爲名，百合迷群很容易便能聯想到日本一迅社出版的重量級百合漫畫專門誌《コミック百合姬》，事實上東立「百合姬」書系的漫畫作品確實多出自於《コミック百合姬》雜誌裡的連載作品，但東立在一迅社推出的作品之外，亦代理芳文社旗下百合漫畫專門誌《つぼみ》的連載作品，以及其他在百合漫畫專門誌以外的作品，如實業之日本社、白泉社、少年画報社、小学館所出版的百合作品。尖端出版社所代理的漫畫，則多數不屬於日本百合漫畫專門誌的連載作品。[25]總的來說，台灣兩間出版社將之列入百合專門書系的代理作品，並不受限於日本百合漫畫專門誌的範疇。

相對的，台灣亦有出版社代理百合漫畫專門誌的連載作品，卻未因此開闢百合專門書系，僅將之列入一般少女漫畫書系之中，譬如長鴻出版社代理出版，連載於《コミック百合姬》的林

23 參照楊若慈，〈日本BL文化在台灣的受容：以台灣BL言情小說為考察對象〉，《庶民文化研究》5，2012.3，頁 15-16。

24 荷鳴、威向、龍馬出版社則因為兼採中國作家所創作的BL小說，出版的小說作品並非完全屬於台灣本土創作。

家志弦《草莓奶昔Sweet》，以及ナヲコ的《voiceful邂逅妳的歌聲》。若涵蓋日本百合漫畫合集在內，長鴻另外出版過《〔es〕～花開少女學園～（1）》、《〔es〕～花開少女學園～（2）》兩冊百合漫畫合集。青文出版社亦曾代理出版過連載於《コミック百合姫》的作品：影木榮貴原作，藏王大志作畫的《春夏秋冬》。此外還有一個特例，東立出版社所出版かずといずみ的《派遣新嫁娘》，乃是連載於百合漫畫專門誌《つぼみ》的作品，然而東立未將其列在轄下的「百合姫」書系，而是列於「少年系列」。（參見附錄四）。

就上述四家出版社的出版狀況，台灣引進的百合漫畫數量並不多，然而日本百合漫畫專門誌創設至二〇一二年尚不至十年時光，出版爲單行本的作品量頗爲有限，台灣引進出自百合漫畫專門誌的作品量，勢必要受限於日本的單行本數量。倘若將百合漫畫專門誌以外的百合作品列入討論，則可見台灣許多出版社亦已零星引進百合控認定的百合作品，惟仍並未以百合專門書系進行引薦。

實際上，依據筆者作爲百合文化的長期觀察者，並參考網路上百合控的觀點與認知，認識到百合控認爲是百合漫畫而非以百合專門書系出版者甚多，包括筆者所謂的「百合閱讀」之作，以及非出自百合漫畫專門誌但明確描寫女性之間戀情的作品。就此而言，「百合閱讀」作品的出版情形亦須列入考察之列。

「百合閱讀」作品的共同點在於主角皆爲女性，由於核心劇情多是描寫共同爲同一目標奮鬥，或者在同一生活範圍活動的女性們之間的情誼，因而被百合迷群認爲是百合作品而在迷群之間流傳。然而，「百合閱讀」作品並不以女性之間戀情作爲故事核心，便經常爲ACG界其他非百合迷群的迷群否定爲百合作品，譬如《K—ON！輕音部》、《魔法禁書目錄外傳：科學超電磁砲》、《獵魔戰記》等。至於明確以女性之間戀情作爲劇情核心的漫畫，如《神無月巫女》、《女生愛女生》、《輕聲密語》、《變調的旋律》、《青之花》、《失樂園》等，被視作百合作品則較無爭議。

必須特別指出的是，百合作品與「百合閱讀」作品的分野，以作品中有無描寫的女性戀情來區分，其實是相當不精準的方式。出自東立「百合姬」書系的《輕鬆百合》，對於女性角色之間

25　尖端出版社所代理的袴田めら《最後的制服》，雖然出自芳文社，但並不是芳文社旗下百合漫畫專門誌《つぼみ》的連載作品，而是在另外兩款漫畫雜誌《まんがタイムきららキャラット》、《まんがタイムきららMAX》中連載的作品。尖端出版社代理的百合漫畫當中，僅有《初戀姊妹》是出自百合漫畫專門誌。《初戀姊妹》最初連載於《百合姊妹》雜誌，《百合姊妹》停刊後轉至《コミック百合姬》繼續連載。

情誼的書寫相當隱微平淡，偏向於描寫高中女生的友誼關係，但因爲該作是連載於百合漫畫專門誌《コミック百合姫》的作品，因而毫無疑問地被認可爲百合作品；「百合閱讀」作品則有相反情況，以《天才麻將少女》爲例，該書是以麻將競技比賽爲故事主軸的少年漫畫，雖未明指女性角色之間可能具有戀情關係，但卻有濃厚的百合氛圍。[26]換言之，所謂的百合作品與「百合閱讀」作品，二者之間無法簡單區隔，筆者認爲採用廣義百合的定義，將二者皆列入百合作品是比較合宜且容易理解的辦法。

此外，另有不屬於百合漫畫，甚至無法歸類爲「百合閱讀」漫畫，但因爲該漫畫中有百合配對，而廣受百合迷群歡迎的作品，通常這類百合配對多處於百合角色並不是主角的情況。最知名的例子當屬「百合會論壇同人漫畫數量排行榜」第十九名的少年漫畫《魔法老師》，該作主要角色中的近衛木乃香與櫻咲刹那，二者是青梅竹馬並有著近似公主與侍衛的關係，由於彼此互有好感而成爲百合迷群樂見的百合配對。類似的案例也見於另外兩部知名的少年漫畫《銀魂》與《死神》，如《銀魂》的志村妙與柳生九兵衛，以及《死神》的四楓院夜一與碎蜂，皆是因爲彼此之間的複雜情感，同樣被百合迷群視作百合配對。

整體來看，台灣各漫畫出版社對於百合專門書系的成立仍然不是普遍現象，台灣百合市場尚有許多可開發的空間，但已足以說明台灣ＡＣＧ出版界已然注意到日本百合文化的市場潛力，惟以台灣在地生產的百合創作仍限於同人誌創作的情況來看，目前尚不能說百合文化在台灣已進入發達階段，其未來發展仍有待觀察。

26 《天才麻將少女》極其明顯地挪用百合元素，廣為台灣ACG界所知，如台灣知名的ACG匿名圖片討論板網站Komica，該網站建置的《KomicaWiki》百科，其中以《天才麻將少女》原著書名為題的〈咲-Saki-〉條目，其條目名稱即被戲謔地加註為「超能力百合麻將少女」（來源：http://wiki.komica.org/wiki3/?cmd=read&page=%E5%92%B2-Saki-&word=%E8%B6%85%E8%83%BD%E5%8A%9B%E7%99%BE%E5%90%88%E9%BA%BB%E5%B0%87%E5%B0%91%E5%A5%B3），網頁瀏覽日期為：2013.11.20。

第四章

百合迷群愉悅的來源

上述兩章的考證中，筆者首先爬梳日本百合文化的生成脈絡，以及百合文化經由「百合會論壇」跨海土著台灣ＡＣＧ界的受容過程，考察了百合文化由日本乃至華文圈／台灣的歷史發展脈絡；而後梳理百合文化在華文圈ＡＣＧ界的受容狀況，指出迷群並非被動接收外來文化，反而是具有能動性地吸收內化，並自發地推廣外來文化，在此其中，台灣百合迷群促使百合文化得以在台灣出版市場正式流通，展現出相較於其他華文圈百合迷群更顯著的影響力。

至此，百合文化發展史已完成初步的建構，但文化史研究不能僅止於歷史脈絡的書寫，爲了認識百合文化的深層結構，應當進一步理解迷群何以閱聽百合作品。更精確地說，百合作品才是百合迷文化發展史眞正的第一手史料，因此本章將透過細讀文本，試著探討文本與迷群的關聯性，藉由文本的內在結構來觀察女性迷群如何從中得到愉悅感，並藉由文本分析，回答女性爲何閱讀描繪女性之間情誼的百合作品。

進行文本內部結構分析的同時，亦須認識文本外緣的社會情境結構。筆者試圖在論述時將文本作爲表徵（representation），觀察表徵如何反映其社會本相（social reality），進而說明百合文化的出現乃有一定的社會時空背景——日本百合文化之所以能在欠缺文脈與情境的情況下，毫無扞格地爲華文圈/台灣百合控所接受，即是因爲華文圈/台灣與日本有相同的深層結構，致使外來的百合之花，得以於異地土著而開花。

文本的採用上，本章以兩種文本爲例進行分析，一是最能將情慾具象化的Ｈ漫（色情漫畫）[1]，用以探討百合迷群的情感慾望如何得到滿足；二是ＡＣＧ界當中少數以女性爲主角的類型作品：「魔法少女」動畫，用以探討閱讀快感的來源，觀察以女性爲主的百合迷群，如何透過如魔法少女類型之類的百合作品建立起女性主體性，並從中觀察女性樣貌多樣化的展演。

爲有效釐清ＡＣＧ界的女性迷群觀看文本時的主客體位置，對慾望主體與被慾望客體之關係應當加以闡述，故而本章不能孤立分析百合控的狀況，同屬於ＡＣＧ界的女性迷群「腐女」是很好的比較對象，本章第一個章節先將腐女與百合控進行比較，說明腐女與百合控所慾望的對象與其意涵，才能進入下一個步驟，以Ｈ漫與魔法少女動畫展開文本分析。

第一節　慾望的對象與其指涉的意涵

如要說明腐女與百合控爲何揚棄以傳統的男女戀愛模式所創作的作品（以下簡稱ＢＧ作品），轉而注視男男戀愛以及女女戀愛的作品，絕不能簡單地斷定原因來自讀者的同性戀傾向，否則將無法解釋腐女主要都是異性戀女性卻喜愛男男戀（Boys' Love）作品的原因。[2]以下分別就腐女與百合控的狀況進行論述，試著解釋腐女與百合控何以觀看男男戀愛與女女戀愛的作品。

一、「腐女」的主客體關係：表面是男性慾望男性，實則為女性慾望男性

BL文化在台灣興起於一九九〇年代，當時台灣社會有幾個文化現象可供觀照女性情慾的日漸檯面化，此即被批評為「色情小說」的台灣本土言情小說的出現，[3]以及少女漫畫的情色化，[4]這兩種女性讀物頗為當代台灣社會所關注，並一度引起衛道人士的批判。這些文化現象同時指向台灣女性對於舊有傳統認為女性（應當）沒有性慾——更精確地說，乃是女性無法公開地

1 關於「H漫」的定義參照第一章註25。本文所論H漫是侷限在主題為性愛的漫畫，一般十八禁青年漫畫、淑女漫畫以及情色化少女漫畫不在此列。

2 關於「腐女」族群的異性戀傾向遠高於同性戀，許多先行研究亦已指出此一狀況，參照鍾瑞蘋，〈同性戀漫畫讀者之特性與使用動機之關聯性研究〉（台北：中國文化大學新聞研究所碩士論文，1999）；楊曉菁，〈台灣BL衍生「迷」探索〉（台北：國立政治大學廣告研究所碩士論文，2006）。

3 台灣言情小說在這段時間開始出現詳細的性愛描寫，甚至性愛橋段占全書很大篇幅，且非單一作者或單一出版社的特有現象。「色情小說」此一說法是衛道人士的貶抑用詞。

表達自己的情慾需求——此一概念的棄絕，並開始正視女性情慾的存在。確認此時期女性對自身情慾的正視與肯定後，又如何解釋異性戀女性觀看同性戀男性的愛情甚或是性愛作品呢？

關於異性戀女性何以觀看男同性戀作品，ＢＬ文化的先行研究者如楊曉菁、張茵惠以及邱佳心、張玉佩等人，都不約而同地注意到女性迷群希望能擁有與男性平等的地位，而可以由ＢＬ作品的閱讀中追尋與男性平等地位的戀愛關係：當ＢＬ「取消」了女性的存在，只剩兩名男性時所呈現的性別位階是沒有高低之分的。同時，先行研究者也留意到ＢＬ作品可以使女性獲得情慾上的滿足，如張茵惠主張ＢＬ作品可以達到迴避女體，而得到凝視男體的作用，但張認爲女性迷群在欣賞男體的同時，處於旁觀者的立場，逃避成爲情慾主體，並不會自我投射在角色身上；邱佳心、張玉佩也主張觀看ＢＬ作品可以使女性迷群得到性慾想像的滿足，並能探索男體的神祕，而由於直接觀看男女性事對女性而言過於直接，藉由觀看包裝在同性戀題材下的刊物，女性轉而可以抒發自己對異性的性幻想，也可以化解觀看男女性事所帶來的羞迫和背德感。[5]

筆者認同上述研究者的大部分論點，但在女性情慾的滿足方面，筆者有不同的看法。張茵惠受到訪談內容影響而認定女性迷群並未自我投射入角色其中，未肯定腐女觀看ＢＬ作品能夠得到的以女性爲主體的情慾滿足，實際上，透過文本分析，反而能進一步揭開迷群自身也未必知曉的閱讀心理狀態，本章將在下一個小節透過細讀文本，試著提出不同的解釋。

筆者認爲腐女喜愛ＢＬ作品的成因複雜，但可由兩個方向解釋：一爲女性觀看者成爲感受慾望的主體，而男性成爲被「凝視」（gaze）的客體；二是腐女內化並認同男性中心觀點，藉此逃逸女性所面臨無法躍居主體的困境。

此外，當「腐女」被用以定義爲ＢＬ作品的迷群時，經常會使人忽略ＢＬ作品的迷群當中亦有男性存在，此類男性被稱作「腐男」或「腐男子」，但其人數及聲勢遠遜於腐女，一般認爲此與社會對男性的既定文化印象有關，男性較不願觀看屬於少女漫畫一支的ＢＬ作品，並且腐男爲避免不必要的誤會亦不願聲張，筆者在此試著一併闡述腐男的閱讀心理。

（一）主客體的易位

4 雖然是由日本引進的少女漫畫，而非台灣本土創作，但出版社的選擇性取得授權亦顯示出台灣消費者喜好的轉變。

5 參照楊曉菁，〈台灣ＢＬ衍生「迷」探索〉；張茵惠，〈薔薇纏繞十字架：ＢＬ閱聽人文化研究〉（台北：國立臺灣大學新聞研究所碩士論文，2007）；邱佳心，張玉佩合著，〈想像與創作：同人誌的情慾文化探索〉，玄奘資訊傳播學報６，2009.07，頁 141-172。

首先，筆者認爲對「女性主體／男性客體」的追求，是腐女揚棄BG作品的關鍵。在BG作品中，無論創作者是男性或女性，皆有一個普遍現象：女性的客體化。[6]所謂女性的客體化，意指女性角色作爲觀看者的凝視對象，也在其中成爲被慾望的客體。値得注意的是，BG作品的觀看者也包括女性在內，其所代表的意涵，即是女性成爲女性的凝視對象。女性之所以能接受女性作爲客體的存在，是由於女性的認同位置以男性的凝視角度出發所致，誠如女性主義政治哲學家艾莉斯．馬利雍．楊（Iris Marion Young）所指出的：

在父權秩序中，從凝視自己以外的客體以及從凝視自己整體化的形象中得到快感的，都是男性的主體。陽具崇拜秩序（phallocratic order）將觀看分裂成主動和被動的時刻。凝視是陽剛的，它所凝視的則是陰性的。女人只是一種匱乏，是支撐陽具主體的他者，是給予男人觀看權力與統一身分的客體。如果女人想獲得任何主體性，只能藉由採取男性主體的位置，此一主體是從女人的客體化得到快感。[7]

在男性霸權（hegemony）論述下的支配性意識形態，使女性將「男性＝主體」的前提視作理所當然，導致異性戀、同性戀女性在觀看BG作品時，皆能認同抑或欣賞在男性標準下形塑的女性角色特質，例如符合傳統優良女性的人格、[8]姣好的臉龐以及曼妙的女體。

其中尤其需要注意的是「女體」。儘管如同上述，觀看BG作品時男性與女性多半同樣以男性視角出發，然而當「女體」成爲被凝視、被慾望的客體，作爲主體（觀看者）而眞正感到情慾滿足的還是男性。相對地，女性觀看者雖能達到欣賞的境地，但終究有所隔閡而得不到滿足（即使是慾望女性的同性戀女性亦是如此，下一個小節「百合控的主客體關係」將有詳述）。猶有甚之，相較於女性客體化的現象普遍可見，即便在受衆大多是女性的少女漫畫及淑女漫畫，卻也罕見被客體化的男性。譬如BG漫畫中的經典橋段之一，即男女主角因巧合而裸裎相見，但這個橋段即使是出現於少女漫畫，畫面上仍是女性被觀看，抑或女體所占版面勝過男體版面，尤可想見女性慾望男性的闕如。

6 此現象非於ACG次文化中僅見，包括電視、電影等主流大眾文化傳媒，亦處處可見如此。

7 參照艾莉斯．馬利雍．楊著，何定照譯，《像女孩那樣丟球》（台北：商周出版，2006），頁109。

8 溫良恭儉讓仍然是被讚頌的女性人格特質。要發現此處的弔詭最簡單的方式是將同一套論述套用在男人身上；一個男人具備溫良恭儉讓的特質不一定會被讚頌，相反地可能會被視作現代社會競爭下較弱勢的族群，類似的例子是「草食男」這一略具貶意的標籤名詞。

在這種情況下，ＢＬ作品因「取消」女性角色而使男性角色客體化，便更加合理且有力地成爲女性主體的慾望出口。事實上，ＢＬ作品之所以大多展現幻想成分而無涉眞實的男同性戀情，[9]正是因爲ＢＬ作品是爲了滿足異性戀女性的慾望而產生，而同性戀女性以及同性戀男性卻不是這類同性戀作品的主要受衆。

也是由於ＢＬ作品中女性主體／男性客體的結構，這不但說明腐女組成中異性戀女性遠高於同性戀女性的比例，同時解釋了腐男族群之所以小衆的原因：一是隱性腐男的存在減少了腐男的表面數量，主要因爲相對於腐女的異性戀傾向，慾望男性客體的腐男可以合理推論爲同性戀傾向，腐男的緘默可能是不願出櫃的表現；二是以女性作爲主體所凝視的男性客體，以及文類本身的性別化特質，不能滿足男性主體對男性客體的慾望，這是腐男雖多同性戀傾向，但男同性戀者卻難以加入腐男族群的主因。

（二）逃逸「女性無法躍居主體」的困境

同樣作爲女性讀者的情慾出口，與ＢＬ文化同時期亦有ＢＧ類型的「色情」言情小說，以及同屬ＡＣＧ次文化的情色化少女漫畫可供選擇，筆者推論ＢＬ作品的異軍突起，不僅是由於具備「男性被客體化」的「優勢」，[10]尚有另一差異——男性認同帶來的優越／位性，以及透過女性角色的「消失」，消弭了女性的主體性匱乏所帶來的焦慮。

本小節提到腐女閱讀ＢＬ作品的兩項原因，亦即前述ＢＬ作品所促成的女性主體／男性客體的主客體易位，以及本處所論的腐女藉由認同男性主體，用以逃逸「女性無法躍居主體」的困境。相較於前者直接點明女性讀者在閱讀ＢＬ作品的快感來源，後者則透露出女性在建構女性主體意識時所遭遇的矛盾。也就是說，女性讀者必須一方面將男性客體化而成爲慾望的對象，另一方面則須將自我投射在男性角色之中，內化男性中心以成爲慾望的主體，方能得到滿足。但是，何以如此？

ＢＬ迷群咸認爲畫面上是「男性慾望男性」的ＢＬ作品之所以能滿足女性受眾，乃是由於女

9 ＢＬ作品與男同性戀作品不能畫上等號，正如百合在定義上具有複雜性，ＢＬ的定義也莫衷一是，但ＢＬ作品顯然是幻想性質比較高而寫實程度比較低的創作文類。相關研究參照水間碧，《隠喩としての少年愛——女性の少年愛嗜好という現象——》（大阪：創元社，2005.2）；石田美紀，《密やかな教育——〈やおい・ボーイズラブ〉前史》（京都：洛北出版，2008.11）

10 「色情」言情小說及情色化少女漫畫，大多能見女性主體意識（慾望主體）的建立，而男性的客體化（凝視的客體）並非重點。

性觀看者未代入其中而得到視覺上的雙重享受，但筆者認爲這一類的解釋有其缺陷。事實上，女性並非全然沒有代入其中，相反地，基於更曲折的因素導致女性觀看者必須投射在男性角色身上才能得到滿足。

學者林芳玫借用詹明信（Jameson）的理論指出通俗文化有一種雙重特色，卽兼具意識型態與烏托邦理想。意識型態之功能表現在對社會現狀及其主流價值抱持支持肯定的態度，但另一方面則對於現實中所經歷的困境，展現出對烏托邦理想世界的渴求與追尋。[11]作爲反映通俗文化一環的BL文化亦適用這個原理：「慾望男性客體」卽是烏托邦的追求，是一種實踐理想的努力；而社會主流價值卻促使「主體」必須是男性以掩飾女性成爲主體，於是形成表面上「男性慾望男性」作品的誕生。女性觀看者本身並未採用以女性作爲慾望主體以體驗慾望正是其中矛盾所在。這個矛盾來自女性對於明目張膽地以女性身分主動慾望男性仍有所隱諱，並且女性對慾望男性有著不得其門而入的困窘，在這種情況下，以男性慾望男性的方式呈現男性被慾望的狀態，反而是比較容易解決問題的管道。

另則女性可能是無意識地不挑戰既有男性認同的霸權論述，因此女性並未對男性及主流社會直攖其鋒，反而退居幕後，消失在畫面之中。[12]腐女將自身投射在男性角色身上，以彌補女性不能成爲主角此一ACG慣例[13]的缺憾，進而享有男性的優越/位性（成爲慾望主體），而這種認同男性、「成為」男性的表現，也說明了BL作品為何不會是ACG界每位女性成員的情慾出口。

而「女性消失」此一BL作品的特色，格外突顯出女性迷群反抗父權社會對女性氣質的要求。在男性本位思想下的傳統BG作品，雖偶有例外，但大多情形是女性形象極其單調，幾無內涵、層次可言，且大多屬於男性的附屬品。BL作品捨棄女性角色，可說是對蒼白的、空乏的女性花瓶的揚棄，因此BL作品中的女性角色經常不具意義，甚至沒有女性角色，進而產生「女性消失」的情況，如以正面態度觀察，這其實是具備批判精神的敵視態度，展現出女性對傳統女

11 參照林芳玫，《解讀瓊瑤愛情王國》（台北：臺灣商務，2006），頁250-251。

12 多數BL作品中女性角色極少，不是相對性的少數，而是絕對性的少數，即使有女性角色也不具推動劇情的影響力，甚至不具備觀賞用的花瓶功能。

13 ACG次文化領域中，除探討女性成長為主題的少女漫畫、淑女漫畫之外，少有以女性作為主角的文類，甚至以戀愛為主題的少女漫畫，雖以女性為主角卻屢見將戀愛主導權讓與男性副角，客觀而言仍是男性附庸。並且淑女漫畫和少女漫畫始終不是ACG領域的主流，ACG領域中最受歡迎的冒險文類、運動文類作品皆屬少年漫畫的範疇，而少年漫畫中的女性角色通常僅具點綴功能。

性既定形象的抗拒。然而這樣的反抗是消極的，女性角色的消失，只是在試圖逃逸女性所面臨的困境時，選擇放棄自我的逃避行爲，並沒有實際地衝撞困境。由此可看出腐女對於女性主體並非缺乏認同，只是遁入泯滅女性存在的BL世界中，透過認同／投射男性角色，藉此擺脫女性在現實社會乃至一般ACG作品中所遭受到的壓迫，是比較輕鬆的逃逸管道。

二、「百合控」的主客體關係：女性慾望女性

筆者透過實際經驗及問卷調查的數據證實百合控多爲女性，並且藉由梳理歷史脈絡指出女性之所以閱讀百合作品，乃是由於百合作品實脫胎自少女讀物如少女小說、少女漫畫而來，然而台灣ACG界的刻板印象何以與實際狀況產生落差，認定百合控應以男性居多？

同時，這樣的刻板印象直接反映在ACG界的業餘活動之中，以台灣大型同人誌展覽活動之一的「開拓動漫祭」爲例，其旗下兩支品牌「Fancy Frontier」以及「Petit Fancy」的同人誌販售活動，主辦單位將販售作品以客群別分爲三類：「男性向」、「女性向」、「一般向」[14]。「男性向」表示目標客戶群爲男性，「女性向」則表示目標客戶群爲女性，「一般向」則表示目標客戶群並非以性別區分的大眾作品，但「男／女性向」的分法，普遍將BL作品歸類在「女性向」，百合作品歸類在「男性向」。BL作品的受眾以女性爲主，此一刻板印象與實際狀況相符，被劃分

爲「女性向」較無爭議。然而在實際狀況下受衆多是女性的百合作品卻通常劃分在「男性向」，顯然以目標客戶群作爲分類的方式不適用於百合作品，否則百合作品應被劃入「女性向」。弔詭的是，作品的分類並非取決於主辦單位，而是由參展社團自行填選，換言之，主要由女性構成的百合作品創作者，[15]應當深明自身作品的目標客群亦爲女性，卻仍將作品的屬性填選爲「男性向」，格外突顯刻板印象在此處發揮了作用。[16]「百合控以男性居多」的刻板印象，不但反過來影

14 源於日文ACG次文化用語。男性向，日文為「男性向け」，意指目標客戶群為男性；女性向則為「女性向け」，目標客戶群為女性。台灣直接沿用漢字。

15 關於百合作品的創作者以及販售者的男女比例，筆者的網路問卷題目之一「妳（你）曾經或現在是百合作品的創作者或販售者嗎？」結果顯示八一五份問卷之中，除去占81％未曾參與創作或販售的問卷受試者之外，女性占17％，而男性僅占2％。數據請參照附錄一圖六。

16 以筆者自身參與CWT與FF同人誌販售會的創作與販售經驗為例，筆者首次參加販售會時，因創作時預設的目標客群為女性，故而將社團屬性填選為「女性向」，致使與其他百合社團分列不同區塊，筆者為因應刻版印象所形成的狀況，此後參加販售會一律將社團屬性填選為「男性向」。需要說明的是，經筆者對參加FF18的百合社團所展開的調查顯示，不以「男／女性向」自我歸屬，而填選「一般向」的百合社團增加了。如此選擇或許是百合社團對於「百合＝男性向」刻板印象的一種反抗，抑或是其他原因，其動機尚待後續研究。

響創作者採取不符實情的作品分類法以遷就「常識」，進而創作者的分類法反過來又爲此一刻板印象背書，如此反覆鞏固了這樣的刻板印象。

相同的狀況也發生在另一個大型台灣同人誌販售會ＣＷＴ。ＣＷＴ主辦單位將販售作品以客群別分爲五類：「全年齡向」、「女性向＆ＢＬ」、「男性向＆ＧＬ」、「其他」，甚至直接將ＢＬ作品歸類在「女性向」，而將ＧＬ（百合）作品歸類在「男性向」。又譬如東立出版社官方網站的廣告爲「百合姬」專門書系所下的定義爲：

> 「百合姬」書系定義：以Girl's Love（女女戀）為故事主軸，**主要目標讀者為男性讀者**。故事主體是年輕女性間相互思慕並漸漸由友情轉為愛情，作品類型不拘於各種形式，過去、現代、未來，故事可以是現實可以是奇幻，沒有任何限制。[17]（引文中粗體爲筆者所加）

由此可見，無論是職業出版社或業餘ＡＣＧ界，皆反映出「百合／ＧＬ作品主要客群是男性」刻板印象所產生的影響。筆者認爲這樣的刻板印象之所以形成，乃是台灣ＡＣＧ次文化未能擺脫傳統論述——女體是男性凝視的對象——所致，因而認定畫面中充斥女性的百合作品，應屬男性讀物。歷史因素尤其是使百合作品難以擺脫「男性向」刻板印象的主因，在台灣ＡＣＧ界的認知中，最早爲人所知的女女戀（Girls' Love）的作品，並非清純的日本少女小說，而是男性觀看的成人讀物（Ｈ漫/色情漫畫），並且是僅有肉體慾望而欠缺情感慾望的色情描寫。審視成人讀物中的女女性愛，便能得知這類成人讀物根本不是「女性慾望女性」，而是表面上「女性慾望女性」、實則是「男性慾望女性」的作品。

「百合文化」之所以能成爲自成流派，顯然不是男性「百合控」的增加所促成，喜愛「男性慾望女性」下「女女性愛」的男性，並非是對百合作品產生認同感，也未嘗有「百合控」的身分認同，因此不能歸類在迷群之中，這類男性多是異性戀，亦不一定認同同性戀，觀看「女女性愛」只是滿足性慾或者增添新鮮感的選項之一。與腐女必須投射在男性角色而得到滿足不同，觀看「女女性愛」異性戀男性，通常可以透過假陽具（男性象徵）得到代入感而確實獲得視覺上的雙重享受（同時享受兩種不同類型的客體化女性），然而不僅此類作品，包括ＢＧ作品在內的「男性慾望女性」下的女性客體，都不能全然滿足眞正的「百合控」。百合作品呈現的是「女性慾望

17 參見東立出版社官方網站「首頁/主題館/百合姬系列」（來源：http://www.tongli.com.tw/ThemeGL.aspx）。

女性」下的女性客體，觀照的是體驗慾望的女性主體，因此百合控才會多是女性，而難以取得女性主體認同的男性，便成爲百合控的小衆族群。

再者，因爲慾望的客體是女性，致使同性戀女性的百合控多於異性戀女性，只是必須釐清百合文化的成形，不是單純的同性戀女性影響力擴張的象徵，展現的實際上是女性主體意識的建立，絕非片面的女同文化。

百合控相較於腐女的形成，亦可從二方面切入觀看：一是慾望的主體是爲女性而被凝視的客體是女性，二是百合控的女性認同以及女性樣貌多樣化的可能性展演。

（一）女性的情／慾需求

關於第一點，百合控不若腐女慾望男性的曲折複雜，但要進一步說明的是，百合作品除了能滿足以女性爲主體所呈現的女體慾望，還能滿足另一個區塊，即是情感的部分。

ＡＣＧ界幾乎沒有以女性情誼爲主題的作品文類，ＡＣＧ次文化對於男性之間友情的描寫，屬於少年漫畫關注的重點，也是ＡＣＧ界的主流體裁，但女性情誼的描寫則闕如，包括淑女漫畫及少女漫畫，其中固然有涉及女性情誼的橋段，但始終不是主題焦點，普遍狀況下強調的多是競爭關係。[18]這或許是由於淑女漫畫與少女漫畫在嘗試建立女性主體的過程中，女性乃是透過女性「他者」（other）的存在來形塑「自我」主體，造就ACG次文化中女性主體孤立成長的現象。[19]這種缺憾便成爲百合文化關注的重心，百合作品不僅以女性慾望爲主軸，也注重女性與女性之間的聯結性，以及互動過程中纖細情感的內心描寫，展現出女性情誼的正面價值與光明面，這也說明了百合作品之所以經常游移在友情與愛情之間[20]的緣故。

18 少年漫畫中男性情誼固然有競爭關係，但是與少女漫畫的女性情誼相反，男性情誼展現的是「既競爭（表現在外）又友好（表現在內）」，而女性卻是「既友好（表現在外）又競爭（表現在內）」，觀察隱藏在背後的訊息，女性情誼展現的卻是晦暗不明的陰霾。但筆者注意到近十年來逐漸有轉變的趨勢，這樣的轉變究竟是取經於少年漫畫文類抑或受到百合文化流行的影響，是另一值得注意的議題。

19 男性主體的孤立成長在青年漫畫文類也被強調，但仍有少年漫畫對男性之間的聯繫加以著墨。

20 BL作品亦具有友情與愛情的游移性，但相較於百合作品，BL作品中友情描寫屬於絕對性的少數，而觀察百合作品之中描寫女性情誼的創作數量，更可知女性對於女性情誼的追求，幾可與情慾的追求分庭抗禮；日本許多百合漫畫專門雜誌所刊載的短篇作品中，亦可見以女性友情作為主題的作品，另外，許多百合閱讀作品皆是以女性友情為題材，皆可供佐證百合控認為的百合作品，其實涵蓋了友情與愛情。

此外，上文曾提及腐女喜愛ＢＬ作品，原因之一是基於認同男性主體而逃逸女性無法躍居主體的困境。其實這樣的逃避行爲也見於百合控之間，某種程度而言，女性喜歡百合其實是在逃逸女性之間的競爭壓力。市面上許多男性向ＢＧ作品喜歡描寫三角（或多角）戀情，而男主角在各有風情的兩名（或以上）女主角之間掙扎。男性閱聽人或許樂見類似橋段，但女性閱聽人恐怕並非如此。此類複數女性競逐一名男性而產生的競爭壓力，令許多異性戀女性閱聽人產生逃逸心態，轉而觀看其他類型的作品，其中一個方向就是衆多女性和樂地相處在一起的百合作品，對想要逃逸女性之間競爭壓力的異性戀女性來說，以女性友情爲主體的《K—ON！輕音部》、《輕鬆百合》、《天才麻將少女》等作品，便有其吸引力。

因此，當百合作品涵蓋範圍從友情關係到愛情關係，從精神層面到肉體層面，致使其指涉的意涵較廣，促成百合作品的觀看者得以吸收同性戀女性以外的成員，包括異性戀女性以及基於其他因素而觀看百合作品的男性，所以不能單純地將女性百合控與同性戀女性劃上等號。並且「百合」以少女小說、ＡＣＧ作品爲根基發展而成，而多數ＡＣＧ作品自身的虛構架空性質，造就大多數百合作品並非觀照現實女同性戀者的寫實作品，而是爲了滿足慾望而建構在想像層次的烏托邦世界。這尤其能解釋有一部分的百合控只能接受「想像中的百合情侶」而排斥「現實中的女同性戀情侶」的弔詭狀況，此點與部分腐女能接受「ＢＬ」卻排斥「男同性戀」相同，由於此類百合控與腐女並未有同性戀認同，因此接觸到眞實世界中的同性戀女性／男性，反而微妙地產生抗拒心理。

（二）女性作爲主體的各種可能

百合作品在滿足女性的情／慾需求之外，還具備另一個優勢，即女性樣貌的多樣化。百合作品中女性角色的面貌不再平板，並擺脫傳統對女性角色必須擁有「女性特質」的束縛，使女性角色可以具備一般刻板印象中屬於男性的特質和能力，提供了女性由配角躍身爲主角的可能，具備女性主體認同的女性受衆看見女性角色得以揮灑才能的空間，更是百合作品吸引女性迷群的關鍵之一。

爲了更精確地檢視百合作品的迷群成員，筆者要對所謂的「百合控」再次做一梳理。我們能理解觀看百合作品者並非皆是迷群，而其中的游離份子容易造成混淆，在此尤其需要對觀看百合作品的男性進行區分。如前文已提及喜愛「男性慾望女性」下「女女性愛」作品的男性，對百合作品並不忠誠，不能被歸類在百合迷群當中。然而，由於男性百合控與喜愛「女女性愛」作品的異性戀男性，很容易直觀地被劃上等號，這便是第二章筆者曾提及百合會論壇之中，部分女性會員何以對待男性會員並不友善的原因之一。因爲處於迷文化之中的迷群，並未能明確分辨彼此的閱聽心理，於是將受到既定印象所影響，認爲男性會員乃是爲滿足男性慾望而觀看百合作品，這樣的聯想令女性百合控感覺受到冒犯，進而對侵入百合領域的男性產生排斥感。

至於男性百合控之所以小衆的原因，其一正如ＢＬ作品中同性戀男性不能被女性主體凝視下的男性客體所滿足，異性戀男性亦難以在百合作品之中，被女性主體凝視下的女性客體所滿足，造就大部分男性無法對百合作品忠誠進而成爲百合控；其二則是反推觀看百合作品的男性通常要對女性主體產生認同，才可能成爲百合控，也就是說，男性百合控的男性主體認同較爲薄弱，這並非指稱男性百合控可能多爲同性戀傾向，因同性戀男性並不缺乏男性主體認同，極端地說，男性百合控的心態可能反而比較接近同性戀女性，而此類男性在社會上亦屬少數，這也就是男性百合控之所以小衆的原因之一。

另有一種完全相反的情況，此卽無視女性具備主體性的男性，也可能成爲百合迷群的一員。將女性視作男性附庸的前提下，爲滿足獨享女性的慾望，而希望其他男性不存在，於是百合世界中的女性等於被圈養在無菌室裡的小羊，進而不必擔心受到其他男性玷汙，百合作品遂成爲極具幻想性的男性理想世界。然而抱持這種心態觀看百合作品的男性亦是少數，因此男性百合控終是百合迷群中的少數族群。當然還有一部分無法被簡單歸類的男性百合控，其喜愛百合作品的複雜心情並不能很容易得出解釋，此處有賴未來的研究者以讀者研究進行下一步的分析，方能對男性百合控的閱聽心理有更完整的認識。

綜合以上，可以得知百合作品因爲關照的面向較廣，而能容納面向較複雜、屬性較多元的成員，終使百合文化匯流而形成一股新勢力。討論至此，下文將分別以H漫與魔法少女動畫兩種文類，針對情慾的主客體之關係，與女性主體性如何可能建立與開展的兩項主題進行文本分析，並爲筆者上述的論點加以檢視與論證。

第二節　以H漫分析慾望主體與被慾望客體之關係

上一章節述及女／男性不能滿足於男／女性主體凝視下的客體，本節試圖透過最能將情慾具象化的H漫爲例，分析慾望主體與被慾望客體之間的關係，進而得出比較合理的推論。

本章節將H漫分作三類，分別爲BG本、BL本以及GL本，[21]也就是分別以男女性愛、男男性愛、女女性愛三種性愛模式的作品作爲討論的對象，至於複數以上人物性交的文本恐有定

21　筆者於第二章主張百合作品應採廣義定義，涵蓋「狹義百合」、「GL」、「女同性戀」三者，但本章節既以女女性愛的H漫為文本，隱喻肉體愛的「GL」一詞在此更符合迷群的認知，故而採用「GL」進行討論。

義模糊之狀況，容易造成討論焦點的混淆，故而不在討論之列。人獸交、性虐待、鬼畜、觸手等獵奇[22]風格的H漫，由於超出一般常態性愛範圍，故略而不談。

一、ＢＧ本：男性向爲主

ＢＧ本卽是最普遍常見的成人漫畫，主要是以男性爲主體慾望女性的作品。此類作品的特色在於強調女性客體的肉體美以及女性客體的性態度，前者是以誇張手法描寫女性的第二性徵如乳房及女性陰部、臀部的特寫，後者則是女性角色表現出對性愛的異常歡愉。

此類男性向作品的特色很容易辨識，通常劇情並不重要，主題放在性愛過程，著重表現女性角色的肉體以及性愛姿勢，男性角色所占篇幅少而所占畫面比例小，有時畫面只出現男性角色的陽具（以供男性讀者代入其中），有時連陽具亦不出現，將男性角色的形體透明化（僅有虛線輪廓），以便完整觀看女性角色在性愛過程中的肉體。

此類文本中，女性角色對於性愛所表現出來的態度通常與現實有極大落差，虛構幻想的成分很高，極端的例子如女性角色卽便是受到逼迫而進行性交行爲，該女性卻能在性交過程中得到歡愉。極度被物化的女性客體，以及違反常理的性態度，完整呈現出以男性爲主體、滿足男性情慾需求的狀態，而女性受衆對此類女性角色無法產生認同感，也就難以從中獲得情慾滿足，男性向ＢＧ本因而無法得到女性受衆的青睞。如同A片市場，目前爲止爲女性服務的女性向ＢＧ本依然罕見，一九九〇年代台灣一度大量引進情色化少女漫畫以及後來風行十數年的Ｈ漫ＢＬ本，便是女性由ＢＧ本出走，尋找其他的情慾出口的象徵。

不可否認，也有女性喜愛觀看男性向ＢＧ本，其中關鍵在於認同「女性的性慾必須透過男性而獲得滿足」。此一認知是受到傳統男性霸權論述所涵化（Cultivation Theory）而產生，此涵化效果，好比電視觀衆觀看異國美食之時能理解其美味，甚至產生食慾，而該國美食是否爲自己味蕾所接受則無礙其想像，使得該類女性在觀看男性向ＢＧ本的同時，即便與現實體驗有落差，依然可以從充斥女體的ＢＧ本當中得到滿足。

22 「鬼畜」源於日文，原意有殘酷無情的意思，後引申為殘酷無人道的性行為。「觸手」原本是指生物蠕動柔軟細長的末梢器官，在ＡＣＧ界則更常見不明生物的觸手，Ｈ漫的「觸手」元素往往結合陽具跟手指的特質，用以與女性或男性性交，許多觸手作品同時也蘊含了綑綁跟輪暴的暗示。「獵奇」原意為蒐尋奇異的事物，在ＡＣＧ界則被引申為過度血腥、暴力或殘酷等非常態的作品，原則上皆屬於未成年不得觀賞之作品。

二、ＢＬ本：女性向爲主

ＢＬ本可以分作男性向、女性向兩種不同類型來討論。男性向ＢＬ本主要受衆是同性戀男性，與男性向ＢＧ本的風格相似，惟客體由女性變爲男性，強調的是男性的肉體美，男性的第二性徵也常以誇張手法呈現，展露男性角色強健賁張的肌肉以及巨大的陽具。由於男性向ＢＬ本的客群爲同性戀男性，與男性向ＢＧ本相同，少有女性能從中獲得滿足，故而腐女對男性向ＢＬ本的消費傾向是相對較低的。

ＢＬ本雖可分作女／男性向兩類，市場的大宗還是女性向ＢＬ本，也才是本章節所欲探討的主題。現今台灣市面上所見之ＢＬ作品，絕大多數是女性向Ｈ漫ＢＬ本，純愛ＢＬ作品則占少數，純愛作品的數量與描寫男性友情的ＢＬ作品恐在伯仲之間。女性向ＢＬ本的特色在於強調男性客體的容貌美以及男性客體的性愛過程，以筆者觀點理解，此文類是以女性爲主體慾望男性的作品。與男性向作品不同，女性向ＢＬ本中男性客體的審美觀明顯殊異，比起誇張的肉體描寫，女性對於外貌的美型著墨更多，最有力的證據在於女性向ＢＬ本少有賁張肌肉以及巨大陽具，而多是勻稱的體魄以及合乎正常形象的陽具描寫。

男性性愛過程也是焦點之一，作爲男性向作品的ＢＧ本中男性角色的表情並不重要，而ＢＬ本中作爲客體的男性，性愛過程中的表情以及雙方之間的情感互動卻是描寫的重心。有別於男性的情慾可以透過性交行爲快速滿足，女性通常需要較長的時間催化，據性醫學專書所載：「男性會比女性更快感到興奮，男性覺得興奮而且陰莖勃起時，就準備好要性交了。撩逗女性要花比較長的時間，而且光靠插入得到高潮的女性不到總人數的四分之一。」[23]可知女性要從性愛中得到滿足的方式與男性不同，當BL本除性交畫面，[24]愛撫畫面也被加以描寫，應可視爲是照顧女性情慾的表現。另一方面，BL作品中因男性的客體化，主控權遂由男性手中轉移，移交到文本之外「高高在上」的觀看者女性，而使女性對男性的征服慾得以滿足。

女性向BL本另有一個特色，就是該文類中的男性具有纖細嬌媚的特質。BL作品中將男性分作「攻」／「受」雙方，相應於現實中男同性戀的「1號」（性關係中的進入者）／「0號」（性關係中的被進入者），一般而言，受方男性會呈現嬌柔的女性特質，更甚者除了性徵之外，該角色幾與女性別無不同。實際上，包括攻方男性在內，體態大多頎長纖瘦，即使是體格高大

---

23 參照蘇西高德生（Suzi Godson），梅爾亞佳斯（Mel Agace）著，彼得史得姆勒（Perer Stemmler）圖，嚴麗娟譯，《21世紀新性愛聖經》（台北：性林文化，2004），頁122。

24 有趣的是，BL本並不對男同性戀性行為做真實描繪，譬如不使用潤滑劑或保險套便進行性交，這種不知是創作者有意或無意的無知，也說明了BL本的幻想成分。

的男性也往往不見粗獷，亦少強調男性寫實體魄，致使畫面雖呈現兩名男性的性愛，卻感受不到濃烈的男性氣息。此一弔詭現象會使ACG界中腐女以外的族群感到不解，因過於纖細唯美的畫風有時會令人誤解角色性別，筆者認爲這並非腐女欣賞美型男性便可以解釋的現象，而是這種弔詭正指出女性受衆得以投射並代入的空間所在——既是攻方也是受方，既是男性又是女性，而腐女則遊走其中，得到作爲主體也作爲客體的雙面滿足，但反過來也驗證了女性慾望男性的不得其門而入，使得女性必須成爲「男性」，才能建立慾望男性的可能。

三、GL本

談論GL本較前兩項BG本、BL本顯然更爲困難，因其涉及問題比較複雜，在區分男／女性向之前，還必須依性行爲型態分三類討論，分別是扶他本、道具本、自然本，這三類文本的定義將於下文一併說明。

（一）扶他本：男性向

所謂的「扶他」本，是ACG界的特殊體裁，該詞語源於日文「ふたなり」，原意指一樣事物而有兩種狀態，通常用以指涉兼具男女生殖器官的雙性人（或稱陰陽人），是一個中性用詞，因爲音近而被華語ACG界音譯爲「扶他那裡」，簡稱爲「扶他」，但ACG界所謂的「扶他」已經偏離原意，專指具有陽具的女性，而扶他作品在H漫以外幾乎絕跡，基本上是H漫的一個支脈。本文將之列在GL本討論，因爲扶他作品出現在BG本的可能性很低，沒有女性參與性愛過程的BL本更不可能有扶他作品，雖然扶他本意具有男性具備女性性器官的可能性，但BL本中卻極爲罕見此種狀況。於是，只有女性「扶他」代表什麼意義呢？

檢視扶他本的敍事結構與細節，會發現扶他本的特色與男性向BG本高度雷同，同樣無視情節合理性、強調女性客體的肉體美，以及女性客體擁有不合常理的性態度，需要特別指出的是置於扶他本則顯得奇異的特色，亦即許多扶他女性竟與BG本男性同樣擁有不符身體比例的巨大陽具，以及非常態的大量精液描繪。

扶他本與其他H漫相同，無視現實考量是普遍現象，所以女性角色「扶他」的原因通常並不重要（讀者也沒有知道的需求），目的僅在提供性交工具，但這類女性所具備的陽具其實是男性隱身其後的象徵，如觀察「扶他」的陽具，種類大致可分成三種：（1）過大而近似陰莖的陰蒂、（2）具備陰莖但無睪丸、（3）具備陰莖及睪丸。三者之中，前者較爲少見而常見後兩者，並且後兩者皆能射精。

扶他本所呈現的畫面是，一名擁有女性軀體卻兼具男性陽具（包括精液所象徵的男性生殖能力）的人與另一名女性進行性交，可見「扶他」的女性角色所具備的意識型態很明顯：與ＢＧ本相同的巨大陽具點破了男性的性別競爭焦慮，突顯男性對強大雄性象徵的渴望；畫面上兩名女性必須倚賴男性性器方能得到情慾的滿足，幽微地表現出男性掌握女性性自主權的意圖；異常大量的精液呈現出男性的生殖焦慮，以及對女性身體所有權的占有慾望——固然ＢＧ本亦經常強調體內射精的描寫，但在Ｈ漫的種類當中，扶他本更時常出現「精液灌注入子宮」的畫面，放在ＧＬ本當中尤可驗證男性感受到「女女性愛」所帶來的威脅性。

據此，扶他本是男性針對女性而產生的男性集體焦慮之作品，否則難以解釋「扶他」作品何以能自成一個類型。女性「扶他」而與女性性交是一種鞏固男性霸權的行爲，是對於「女性性慾必須透過男性而獲得滿足」的男性本位認同的再強調，就此而言，扶他本只可能是男性向作品，是以服務男性爲出發點的僞裝的百合作品。

能自扶他本得到滿足的女性，其心理狀態與能由ＢＧ本得到滿足的女性大致相同，是受涵化而產生認同的狀態。惟喜愛扶他本的女性相較於喜愛ＢＧ本的女性，另有一種可能，即喜愛扶他本的女性並非將自身投射在女性角色之上，而是投射在扶他的角色身上，因此喜愛扶他本的女性，與其說是受到涵化而認同女性情慾要透過男性獲得滿足，毋寧更像是在涵化過程中，對男性主體位置產生了認同，因而將自我投射在具有陽具的女性身上，進而得以「攻略」女性。

換言之，這類女性可能是同性戀女性，意欲居於性事的主導位置，卻擺脫不了男攻女受的性事模式思維——從這個角度來看，同性戀者也存有異性戀情慾，展現多元情慾流動的可能性，只是這類女性應該爲數不多。事實上，擁有女性主體意識的百合控大多不認同男性隱身其後的扶他作品，扶他本能否歸類爲百合作品，始終在百合迷群中爭議不休，筆者認爲原因正是扶他本仍屬男性慾望女性客體的作品所致。

（二）道具本：男性向／女性向

「道具」是台灣ＡＣＧ界對Ｈ本角色用以進行性交之工具的代稱，不限於情趣玩具，可能是爲求新鮮感或激盪創意，也常見將原本用途並非性交的長形物體作爲道具，並且因爲ＡＣＧ的天馬行空，有些道具也能達到「扶他」的效果。

道具本依照實際狀況亦可分男性向／女性向兩種，但處於模糊地帶的作品不在少數，道具本可說是Ｈ漫ＧＬ本當中男性向作品及女性向作品的交集區塊，使用簡單道具輔助者有之，使用複數以上道具者亦有之；唯美風格者有之，肉慾風格亦有之，因此道具本要在畫面或風格上得到統一的特色，相較於扶他本而言是困難的，然而筆者不願簡單地以肉慾與否劃分男／女性向的差異，但該作品屬性爲何，透過作品的性愛畫面究竟關照的觀看者主體爲何者，大致可以區分出男／女性向。

道具本的特色難以簡單區分，但其意義確實可分男／女性向討論。通常男性向道具本，只是以道具取代陽具，有部分的例子更在畫面上與扶他本幾無二異，而男性向道具本與扶他本在意義上則相同，同是試圖塑造女性性慾必須透過男性而獲得滿足的思想建構，「類扶他」道具便是顯例。

女性向道具本的道具則比較傾向作爲性愛的輔助用品，情慾本身並不是透過道具得到滿足，關切的重點是作爲觀看者的女性主體如何被Ｈ漫中的女性客體所滿足，這一點是所有女性向Ｈ漫ＧＬ本的中心所在，下文將討論的自然本，可以更明確地論證筆者的觀點。

（三）自然本：女性向

Ｈ漫ＧＬ本的無扶他、無道具的類型作品，ＡＣＧ界對此沒有特殊的既定用語來規範，因此筆者姑且以「自然」來形容該類型，以便進行下一步的討論。

此自然本，就是指原始的女性之間的性交方式[25]性愛的Ｈ漫，自然本的特色在於不僅描繪女性角色的肉體美及容貌美，也描寫角色之間的情感互動，通常稍具劇情性，而性愛是劇情中的一環。當然，作爲Ｈ漫，性愛主題依然占據比例較大的篇幅。

營造氣氛以進行合乎常理的性愛，只有在以女性作爲慾望主體時才可能被創作，因爲男性主體的慾望不需要長時間醞釀才能被解放，女性主體則相反，情感交流及愛撫都是性愛的過程。

再者從女性客體來觀察，自然本的女性客體不同於BG本或GL扶他本有著異常歡愉的性態度，通常會維持著健全的人格，並具有符合常識的應對態度，儘管偶見不合常理的劇情展開，但仍屬少數。由此可驗證自然本的女性客體正是女性主體凝視下的產物：作爲觀看者的女性主體在觀看GL本所投射的對象便是這些女性客體，女性客體必須得到女性主體的認同，才可能獲得作爲觀看者的女性主體的青睞，而女性客體的反應其實是象徵女性主體所欲體驗的行爲舉止。簡單地說，作品中女性角色所體驗的、所表現的，必須讓女性觀看者感到舒適、感到被服務，而不是被「使用」，如此便造就出相較於其他H漫，顯得「口味」比較清淡的自然本。

因此描寫女性主體凝視下的女性客體之間的自然本，促成了即便是過往男性向H漫中常見的「女性之間的性愛」，作爲觀看者的男性主體卻難以從中得到需求滿足的狀況。據此，自然本只可能是女性向，更是受到百合控認同的百合作品。自然本彰顯女性的情慾可以透過女性而滿足，建立女性情慾不需要仰賴男性的觀點，擺脫傳統男性本位思想的束縛，從而獲得女性對身

25 通常是手交、口交或女陰摩擦等性交方式。

體的自主權。有趣的是，以此論點觀之，筆者認爲扶他本在意識型態上對立最嚴峻的對手，竟是同爲ＧＬ的自然本，而非以女性主體出發凝視男性客體的ＢＬ本。

討論至此，經過上文大膽分析ＡＣＧ界女性迷群所推動的兩股迷文化，ＢＬ文化與百合文化其中所蘊含的女性情慾展演，筆者認爲由此可以推論出ＢＬ文化與百合文化在ＡＣＧ界的風行，其實是表彰著傳統思維的鬆動，亦不啻是次文化對主流文化的衝擊。

次文化活動本身卽是具有其意識型態的，是一種刻意的虛構（fabricate），是試圖反駁多數共識的神話的實踐。由此觀之，ＢＬ與百合雖然被視作虛構幻想的作品，但卻是立基於現實的對立面，對於建設烏托邦的努力，因此ＢＬ文化與百合文化可以說是女性藉由次文化得到某種程度的權力／利擴張的表現。

我們尤其可以由Ｈ漫發現女性對情慾出口的追求已發動全面革命，就流通程度而言，最成功的應屬女性向ＢＬ本，ＢＬ本促使女性追求情慾滿足得以檯面化，然而以意識型態而言，就本文討論的範疇中，發動根本性的改革則是ＧＬ自然本，自然本不但追求女性情慾的滿足，也透過揚棄男性而追求性愛的自主權，並認識到女性自我滿足情慾的可能性，當女性不透過男性也可以獲得性愛的滿足，更是對傳統男性霸權從根本上進行了否定。

第三節　以魔法少女類型動畫分析女性主體性展演[26]

本章第一節述及百合作品中女性躍身爲主角後，女性主體性的建立與樣貌多樣化的展演，是促成百合迷群主要由女性所構成的主因之一。爲驗證筆者的論點，本章節將以ＡＣＧ界當中少數以女性爲主角展開的戰鬥冒險文類：「魔法少女」類型動畫爲例，進行文本分析。

日本ＡＣＧ次文化中，「魔法少女」動畫可視作一個動畫類型。日本的動畫文化研究者須川亞紀子指出「魔法少女」類型動畫始於一九六六年的電視動畫《魔法使いサリー》（魔法使莎莉），原本主要目標客群爲年幼的女性，近年來因應日本社會的少子化趨勢，製作上放寬目標客群年齡層的作品日漸增加。[27]

26 本章節首先以〈女性主體的變身與戰鬥——步上百合之道的魔法少女動畫〉為名，收錄於國立交通大學通識教育中心編著，《另眼看御宅：跨媒體傳播下的日本文化剪影》（新竹：國立交通大學出版社，103年1月）。

27 參照須川亞紀子，〈魔女と魔法とフェミニズム—日本における女の子向け魔法少女アニメの社会文化的機能—〉《魔法少女アニメ45年史——「魔法使いサリー」から「まどか☆マギカ」へ》（東京：STUDIO ZERO，2012），頁3。

排名	作品名稱	數量（筆）	原作的作品類型
1	東方 Project	816	彈幕射擊遊戲
2	魔法少女小圓	373	魔法少女動畫
3	魔法少女奈葉系列	279	魔法少女動畫
4	K-ON！輕音部	222	校園系四格漫畫
5	天才麻將少女系列	195	競技系少年漫畫
6	瑪莉亞的凝望	94	校園系輕小說
7	舞 HiME + 舞 - 乙 HiME	75	魔法少女動畫
8	強襲魔女系列	71	魔法少女動畫
9	輕鬆百合	58	校園系少女漫畫
10	VOCALOID 系列	48	合音軟體

表五：百合會論壇翻譯同人漫畫數量前十名排行榜（資料來源：「百合會論壇／中文百合漫畫區／同人漫畫」）（筆者整理）[28]

然而魔法少女如何與百合產生關聯？筆者並非單純因爲魔法少女動畫採用女性作爲主角，以及劇情著重在女性之間情誼的描寫，便將魔法少女動畫與百合作品畫上等號，相反地，正因爲許多魔法少女動畫被百合控視爲相當具重要性的百合作品，筆者才察覺魔法少女動畫實有值得深入探討之處。

依據筆者所整理「百合會論壇」自二〇〇四年創立以來乃至二〇一二年底，在該論壇子版面「中文百合漫畫區」的子項目「同人漫畫」中所翻譯的二千五百二十六筆同人漫畫數據，調查結果顯示排名前十名的作品當中，便有四部作品是魔法少女動畫（參見表五），可說是迷群所認可的百合作品裡類型最集中的種類。

這樣的數據促使筆者思考，何以魔法少女能在百合文化中位居要角？魔法少女在本質上究竟如何與百合文化產生交集？須川亞紀子注意到一九六六年第一部「魔法少女」動畫的出現，與一九六〇年代到一九七〇年代的日本女權運動有所關連，女性透過「魔法」而能發揮力量，並得以抗拒父權社會爲女性所帶來的壓迫。[29]誠如須川指出「魔法少女」作爲以女性爲主角展開的冒

28 筆者的統計數據表五「百合會論壇翻譯同人漫畫數量前十名排行榜」的四部魔法少女動畫中，兩部以「魔法少女」為名的《魔法少女奈葉》、《魔法少女小圓》被列為魔法少女類型動畫無可議之處，《舞— HiME》系列作與《強襲魔女》由於不屬於華麗變身的魔法少女，可能容易引起爭議，然而後二者的主角皆有魔力，並假魔具進行戰鬥，故而可被歸類為魔法少女類型動畫。

29 參照須川亞紀子，〈魔女と魔法とフェミニズム—日本における女の子向け魔法少女アニメの社会文化的機能—〉《魔法少女アニメ45年史——「魔法使いサリー」から「まどか☆マギカ」へ》，頁4-12。

險文類，有其女性主義思維蘊含其中，筆者也同樣希冀藉由魔法少女動畫之文本分析，討論百合作品所涉及的女性主義意涵，指出一般百合作品通常具有的兩面性，此即百合作品伸張女性主體性的積極面，以及遭受主流價值收編的消極面。

一、魔法少女動畫的定義及其敍事結構

「魔法少女」作爲一個動畫類型，但日本方面的相關動漫評論並未予以明確的定義，如上述須川亞紀子認爲「『魔法少女』動畫作品的共通點在於『主角是使用魔法的少女』」[30]，卻未能對細節加以描述，在此引用頗能反映迷群共識的維基百科「魔法少女」條目，來認識所謂的「魔法少女」動畫通常具備的特徵：

魔法少女動畫的通常特徵：
主角大部分是美少女或蘿莉[31]。但亦有一些魔法少女年齡已超越一般所指少女的範圍，甚至有些不是女性。
主角大部分是需要變身。
主角必須對人間界周圍的人保守祕密，不能被別人知道異世界的所有事。
主角可能會擁有一至三個會說話的守護精靈或使魔。主角使用魔法時會配合簡單音節

> 串組成的咒語及相關道具（例如魔杖），也有部分動畫需要變身後才能使用魔法；而戰鬥系動畫一般會以簡短日文及英文夾雜而成的絕招對白。過去較多以少女漫畫改編，近代少年向的魔法少女較為盛行。[32]

透過上述的說明，我們對魔法少女此一類型動畫已有粗淺概念：主角是女性，在魔法生物（守護精靈／使魔）的輔助下，透過某種媒介（魔具）得以變身，並獲得某種過去不曾擁有的力量（魔法），而所行之事是一個祕密。從而我們應該可以聯想起幾部廣爲人知的魔法少女動畫，例如熱潮席捲全球、開播五季共計兩百集的《美少女戰士》動畫；起自二〇〇四年迄二〇一二年

---

30 參照須川亞紀子，〈魔女と魔法とフェミニズム—日本における女の子向け魔法少女アニメの社会文化的機能—〉《魔法少女アニメ45年史——「魔法使いサリー」から「まどか☆マギカ」へ》，頁2。

31 日本與華文ACG界慣以「蘿莉（ロリ）」一詞指涉女童，該詞彙脫胎自俄羅斯裔美國作家弗拉基米爾・納博科夫（Vladimir Nabokov）於一九五八年出版的戀童癖小說《蘿莉塔》。

32 參照維基百科〈魔法少女〉條目（http://zh.wikipedia.org/wiki/%E9%AD%94%E6%B3%95%E5%B0%91%E5%A5%B3），網頁瀏覽日期 2013.11.20。

爲止連續播放九季超過四百三十集[33]現階段最長壽的魔法少女動畫《光之美少女》，更是許多非迷群的觀衆也相當熟悉的魔法少女動畫。

至於魔法少女動畫類型的敍事結構，亦有一定的公式可循：主角邂逅來自異世界的魔法生物，進而揹負某種使命作爲開場（起），在一個主幹故事底下，發展一兩個中規模的單元故事，通常每一集都會打倒一隻怪物（承），在打怪的過程中主角將會獲取同伴或寶物，直到遭遇最大難關（轉），最後突破困境贏來歡樂的完滿結局（合）。《光之美少女》可謂爲採用這個敍事結構並完全符合魔法少女特徵的典型作品。

此外，台灣知名的ＡＣＧ評論組織「傻呼嚕同盟」，在〈從《光之美少女》談【魔女子】系列動畫〉此一動漫評論之中，亦指出「魔法少女」動畫的要素至少有兩項：變身和戰鬥。[34]戰鬥要素是一個關鍵，ＡＣＧ界的主流文類卽是戰鬥冒險類型的少年漫畫，譬如一九八〇年乃至九〇年代的日本暢銷漫畫《七龍珠》以及今日的暢銷漫畫《ONE PIECE 航海王》、《火影忍者》等作品，都屬於此類，然而以少女爲主角開展的戰鬥冒險作品，能成爲一個類型的卻只有魔法少女動畫。以少女爲主角的文類，通常以愛情爲主題核心，卽便敍事中可能結合其他的主題，仍必須以愛情作爲主線，譬如一九七〇年代的知名少女漫畫《尼羅河的女兒》、《千面女郎》，乃至當今的暢銷少女漫畫《華麗的挑戰》、《只想告訴你》，都仍是以愛情爲故事主軸的敍事結構。若從這個角度切入思考，刻板印象中屬於低年齡層觀看的魔法少女動畫之所以受到百合控青睞，與女性角色透過魔法少女動畫終於獲得施展手腳的空間不無關聯。

然而，在此應當指出的是，百合控在以這類魔法少女動畫作爲範本進行二次創作時，卻經常捨棄原作的戰鬥元素，反而採用女性之間的戀情爲創作主題，再度回歸到傳統少女漫畫文類的愛情敘事之中。敘事主題的轉向，當然可能是實際操作面的問題：由迷群構成的業餘創作者可能考量到小說寫作或繪圖技巧的困難度，放棄書寫／繪製上相對困難的戰鬥主題，採用技巧相對簡易的愛情主題漫畫或小說；但或許更可能的是同人作品偏好以角色的情感互動爲主題。由於二次創作的同人作品，多建立在不更動原作情節架構的情況下，於原作的縫隙中將未加以詳述的情節進行補完，而「原作縫隙」最引人懸念的部分，往往是角色情感互動的空白處，於是

33 二〇一二年推出的第九季《光之美少女》於二〇一三年一月二十七日播畢，九季總計四三七集。第十季則於二〇一三年二月三日開播。

34 「傻呼嚕同盟」tp著，〈從《光之美少女》談【魔女子】系列動畫〉（聯合新聞網數位資訊作家專欄「傻呼嚕同盟」）（來源：http://mag.udn.com/mag/digital/storypage.jsp?f_MAIN_ID=313&f_SUB_ID=2918&f_ART_ID=89586，2007.6.15），網頁瀏覽日期為2013.11.20。

當角色之間情誼成爲二次創作的主題，同人作品多數取徑於愛情敘事文類，也成爲順理成章的發展走向。

討論至此，魔法少女與百合的關聯逐漸浮現：一是魔法少女動畫以女性爲主體的故事開展，切合女性主體意識明確的百合控的觀影喜好；二是百合控透過百合閱讀（yuri reading）魔法少女動畫之後，套用上同人作品慣用的愛情敘事主題，使得魔法少女與魔法少女之間的情誼，轉而成爲百合控眼中的百合戀情。

關於第一點，「魔法少女」動畫作爲以女性爲主角的戰鬥冒險文類，以英雌取代英雄，女性遂得以由既有戰鬥冒險文類中受男性保護的客體，翻轉成爲掌控局面的主體。此時，過往以男性作爲主角才能開展的——超級英雄對抗邪惡勢力、拯救全世界——的戰鬥冒險敘事模式，終於能爲女性所挪用，令女性不落（男）人後地在拯救世界的ACG舞台上華麗登場。當女性主體性藉魔法少女而得以建立，女性觀眾將自身投射在魔法少女身上，情感上便可能得到有如心理學家馬斯洛（Abraham Maslow）需要層次理論中的「自我實現（Self-actualization）」需求的滿足，因此自然也吸引了女性主體意識明確的百合控收看魔法少女動畫。

至於第二點，事實上具體指明魔法少女之間具有戀愛情愫的魔法少女動畫作品相當罕見，[35]所謂「魔法少女之間的戀情」，通常建立於百合控對於原作的百合閱讀之上。魔法少女動畫中的魔法少女多在兩人以上，對於魔法少女之間的女性情誼亦多有著墨，百合控遂能在此中見縫插針，將其情誼歪讀爲戀情。

經由本章節的討論，我們已能對魔法少女動畫類型的公式有概略認識，然而魔法少女動畫這個類型至少達四十五年歷史，其內在結構並非一成不變，是需要正視的事實。在文本分析中，筆者並不擬梳理魔法少女動畫類型在四十五年來的歷史變化，[36]著眼魔法少女類型動畫引進華文圈乃在一九九〇年代之後，爲聚焦於魔法少女動畫在華文圈百合界產生的影響，筆者僅以一九九〇年代以降的作品爲例，分析內在結構產生什麼樣的變化，內在結構變化又指向什麼樣的外部結構變化？而結構的變化又如何呈現女性樣貌多樣化，進而吸引百合控閱讀魔法少女動畫？

文本部分，主要針對《美少女戰士》、《魔法少女奈葉》、《魔法少女小圓》、《光之美少女》四部作品進行分析。《美少女戰士》乃是一九九〇年代的魔法少女代表作，而《魔法少女奈

35 特例則有《舞 HiME》，該作明確描寫了藤乃靜留對玖我夏樹抱持著激烈愛情情愫。

36 關於「魔法少女」類型動畫的發展流變，請參照須川亞紀子，《少女と魔法——ガールヒーローはいかに受容されたのか》（東京：NTT 出版，2013）。

葉》是二〇〇〇年代的代表作、《魔法少女小圓》則是二〇一〇年代以來不可忽視的當紅魔法少女動畫，除了具有時代代表性的前三者之外，[37]本文既然要分析內部結構的變化，勢必不能略過二〇〇〇年代以降，最長壽的魔法少女動畫《光之美少女》，並且《光之美少女》乃是採用魔法少女文類敘事結構並符合魔法少女特徵的典型作品，亦相當適合作爲對照組與其他作品進行比較。後續深入細節時，亦將採用其他魔法少女動畫佐以討論。

有趣的是，筆者在討論具代表性的魔法少女文本時，並未自限於帶有百合成分的魔法少女動畫，然而這些具代表性的作品，卻往往是百合控眼中的百合作品：筆者整理出的「百合會論壇翻譯同人漫畫數量排行榜」之中，這四部作品皆榜上有名，分別是《美少女戰士》第十二名、《魔法少女奈葉》第三名、《魔法少女小圓》第二名、《光之美少女》第十五名。其中二部甚至名列前茅，可見魔法少女動畫與百合文化高度疊合的狀況。事實上，二者關係之所以如此密切，筆者認爲並不是單方面的由百合控歪讀魔法少女便能形成二者的緊密聯結，魔法少女動畫發展到二〇〇〇年代以後，反過來吸納百合元素作爲商機，形成雙方面互相援引互相謀利，進而促成魔法少女動畫與百合文化之間互助互生的關係。

二、魔法少女動畫內在結構變遷與百合文化之關聯

確知魔法少女與百合文化有著互助互生的關聯，筆者將進一步指出魔法少女動畫內在的結構變化如何吸引百合控閱讀魔法少女動畫，而魔法少女動畫又如何於內在結構變化的過程中吸收百合元素。

以魔法少女動畫的內部結構發展觀其變化，至少可指出四項變化：一、被拯救主體的轉向：從王子救贖到救贖王子；二、敍事結構的轉向：從簡單到複雜；三、題材的轉向：從魔法到軍武；四、風格的轉向：從童話到寫實。

（一）被拯救主體的轉向：從王子救贖到救贖王子

第一項轉向最顯著的例子卽是《美少女戰士》。《美少女戰士》原作爲武內直子所著的少女

37 根據日本動漫畫文化研究者小山昌宏與其好友插畫家小林稔的對談內容，二者在梳理魔法少女動畫歷史發展之時，認為一九九〇年代的代表作是《美少女戰士》，二〇〇〇年代以降，魔法少女呈現多樣化的發展，但最重要的作品當屬《魔法少女奈葉》、《魔法少女小圓》。參照〈魔法使いサリーから本当にまどか☆マギカまでいけるんですかぁ〉，《魔法少女アニメ45年史——「魔法使いサリー」から「まどか☆マギカ」へ》，頁23-28。

漫畫，東映動畫公司製作爲五季共兩百集的動畫，在日本自一九九二年三月七日起連續播映五年，至一九九七年二月八日播畢（以下提及播映時間皆以日本當地爲準）。女主角月野兔變身成爲水手月亮並與其他數名水手戰士[38]一同對抗侵略地球的邪惡勢力，水手月亮發動攻擊之前的口頭禪：「我要代替月亮懲罰你」，在台灣一九九〇年代以前出生的觀眾記憶裡留下了深刻印象。

《美少女戰士》的前期故事中，男主角地場衛經常以「燕尾服蒙面俠」的身分登場，危急時刻王子般地拯救水手月亮脫離險境，顯示早期《美少女戰士》裡的女性還是居於被拯救的客體。這樣的安排，與該作乃是以月野兔與地場衛的前世今生戀情作爲背景展開有關：男女主角的前世分別是地球王子與月球公主，作爲普遍挪用/嫁接西洋童話思維與模式的日本少女漫畫，公主總是被動地等待王子的拯救已是慣例，[39]《美少女戰士》在此也無法免俗地上演王子拯救公主的戲碼。然而隨著故事規模不斷衍生，女主角的主體性逐漸彰顯，水手月亮接受燕尾服蒙面俠拯救的次數大幅減少，並且開始出現水手月亮反過來拯救燕尾服蒙面俠的情節。《美少女戰士》的第五季動畫，燕尾服蒙面俠更在甫一開始便脫離主戰場，直到劇末水手月亮拯救了全宇宙，才同時拯救了燕尾服蒙面俠。

可以這麼說，《美少女戰士》成爲一個分水嶺，將此前與此後的魔法少女類型動畫區隔開來。《美少女戰士》自身即是「被拯救的主體轉向」強而有力的例證，此後的魔法少女動畫，王子也逐漸退出戰場，將舞台留給了魔法少女。

由東映動畫公司製作，於二〇〇四年二月開播的《光之美少女》也有類似例證。至二〇一二年爲止，《光之美少女》共有九季，主角則更替了七批，[40]其中第三、四季的第三代女主角夢原希美身邊便有王子角色，卽男主角可可。可可其實是負責尋找「傳說中的戰士光之美少女」，狀似狸貓的精靈，但可可身爲帕魯米王國的王子，屬於等級較高的精靈，可以幻化爲人形，與女主角夢原希美展開浪漫的戀情。然而第三、四季《光之美少女》與《美少女戰士》的王子有明顯的差異，在於女主角遭遇危險時，《光之美少女》的王子可可卽便有意保護女主角夢原希美，卻往

38 在動畫的前兩季，主角方的水手戰士共五名，第五季時則有九名，分別以太陽系九大行星為名，惟沒有水手地球而由水手月亮代之。地球的戰士代表乃是該作男主角「燕尾服蒙面俠」地場衛。

39 日本少女漫畫的鼻祖為手塚治虫一九五三年於《少女クラブ》（少女俱樂部）雜誌連載的《リボンの騎士》（緞帶騎士），該作乃是以中世紀為背景而展開的王子拯救公主脫離魔女之手的故事，此即日本少女漫畫挪用西洋童話思維與模式的明證。

40 九季《光之美少女》皆以傳說中的戰士 Pretty Cure（中譯為「光之美少女」）為主角，但並非是線性發展的長篇敘事故事，而是不同主角在不同地點開展的系列作。其中一、二季為第一代主角、第三季為第二代、四五季為第三代，六季為四代、七季為五代、八季為六代、九季為七代。

往因力量不足只能退到夢原希美的身後尋求庇護，[41]至此「王子」終於由魔法少女的戰場脫離，不再扮演拯救者的角色，甚至轉而成爲被拯救者的角色。而後，「王子」不僅從此消失於第四季以降的《光之美少女》，二〇〇四年十月開播的《魔法少女奈葉》以及二〇一一年一月開播的《魔法少女小圓》，更是完全不再出現「王子」的角色。

（二）敘事結構的轉向：從簡單到複雜

第二項敘事結構的轉向，《魔法少女奈葉》在自身三季動畫中的敘述結構變化是一個很好的例子。《魔法少女奈葉》爲 SEVEN．ARCS 公司製作的動畫，分別於二〇〇四年十月到十二月播映第一季共十三集，二〇〇五年十月到十二月播映第二季共十三集，二〇〇七年四月到九月播映第三季共二十六集。《魔法少女奈葉》在第一季時，還能符合前文所提及的魔法少女類型動畫的敘事結構——主角邂逅來自異世界的魔法生物而揹負某種使命，在一個主幹故事底下，發展一兩個中規模的單元故事，一集打倒一隻怪物，過程中主角將會獲取同伴或寶物並遭遇最大難關，最後贏來歡樂的完滿結局——但已開始採用比較複雜的敘事轉折來鋪陳故事，第二季更捨棄上述的敘事結構，不再是錯過一兩集仍能銜接故事走向的傳統魔法少女類型動畫，而是情節曲折、故事複雜的中長篇敘事體。

二〇一一年SHAFT動畫公司製作十二話的《魔法少女小圓》，更是刻意以「魔法少女」爲名，對傳統的魔法少女敘事結構進行解構的魔法少女動畫。在《魔法少女小圓》之中，最具顛覆性的安排卽是打怪的過程中不但沒有獲取同伴或寶物，反而可能失去同伴或自身的性命；而其結局卽便勉強稱之爲完滿，也絕無法稱之爲歡樂。該作不僅採用複雜的敘事轉折，更將西洋敘事作品中「人類與惡魔簽訂契約」的傳統命題套用進魔法少女的敘事結構之中，徹底瓦解了傳統魔法少女類型動畫之中愛與夢與希望的母題，從而得以對「魔法少女」進行新的詮釋：原來異世界的魔法生物可能只是惡魔的化身，而魔法少女的魔力竟是與惡魔簽訂契約之後取得的力量。

敘事結構的轉向，遂將魔法少女拉出純眞美好的夢幻舞台，推向複雜險惡的眞實戰場，這也就扣連到下一個轉向，題材從魔法轉向軍武便是在敘事結構轉向之後才可能成立。

（三）題材的轉向：從魔法到軍武

敘事結構轉向之外，題材的轉向也應以《魔法少女奈葉》爲例說明。正如《魔法少女奈葉》

41 有趣的是，當可可作勢想要保護夢原希美時，通常是人形姿態，而退居夢原希美身後，則皆以精靈姿態受到保護，從畫面的呈現手法來看，《光之美少女》還是努力在維護男主角的王子形象。

在三季之中產生的敍事結構轉向，三季動畫的情節發展亦呈現了題材的轉向。《魔法少女奈葉》同樣在第一季的前期，還能符合前文所提及的魔法少女類型動畫的特徵，但《魔法少女奈葉》的魔法戰已經不再是詠唱咒語，發出淨化光波消滅敵人的戰鬥形式，反而詳細描繪戰鬥的細節，女主角高町奈葉手中的武器與其說是魔杖，毋寧更像是機械鎗砲一類的熱兵器。不論是日本或華文圈ACG界，皆將《魔法少女奈葉》戲稱爲「魔砲少女」、或將作品簡稱爲「魔砲」，卽點明該作所帶有的軍武性質。題材轉向最明顯的例證是，一、二季還是普通小學三年級生的女主角高町奈葉，第三季赫然以十九歲的低齡擔任次元世界的最高軍事管理組織「時空管理局」的戰技教導官，官拜一等空尉（相當於空軍上尉）。三季《魔法少女奈葉》所呈現的世界觀不斷擴大，終致揮別了擁有可愛精靈的魔法樂園，建構出宛若太空歌劇（Space Opera）式的科幻軍武世界。

百合會論壇翻譯同人漫畫數量排行榜中排行第八名，分別於二〇〇八年七月與二〇一〇年七月播映兩季共二十四話的魔法少女動畫《強襲魔女》，更直接將魔法少女的戰場嫁接入歷史中的第二次世界大戰。故事開場於來自宇宙的異形軍突然大舉入侵地球，地球的武力不敵異形軍，唯有身懷魔力的少女操控魔力機械裝置「飛行腳」，才能飛至天空乃至宇宙空間擊毀異形軍，因此名爲「魔女（witches）」的魔法少女們受到國家徵召並集結爲跨國軍事組織，共同屏衛歐洲戰場並收復淪陷區。至此「魔法少女」類型動畫不再僅限奇幻題材，也能吸納其他如科幻、軍事戰爭各種題材，換言之，敘事結構和題材的轉向擴大了魔法少女動畫的可能性，並且形成了風格的轉向。

（四）風格的轉向：從童話到寫實

風格的轉向在《魔法少女奈葉》已初見端倪，其第三季對於權力爭奪與陰謀鬥爭的著墨，便可看出第一季到第三季的風格轉向，但更適合的例子應屬刻意解構魔法少女類型動畫的《魔法少女小圓》。《魔法少女小圓》透過套用「人類與惡魔簽訂契約」的命題改寫了魔法少女動畫的敘事結構，因而也連帶促成了風格的轉向。

《魔法少女小圓》爲了徹底解構魔法少女類型動畫，刻意運用許多魔法少女傳統元素，譬如採用以萌系溫馨風格聞名的漫畫家蒼樹梅擔任人物設計，使角色符合天眞可愛的魔法少女形象，片頭曲中女主角鹿目圓打怪的出槌鏡頭，亦是互文傳統魔法少女的表現手法，可見製作團隊有意營造出「魔法少女」的傳統面貌。而後，隨著本作解構魔法少女類型動畫之企圖的浮現，其敘事風格也逐漸由夢幻童話風格轉向爲殘酷寫實風格，構成明確的敘事結構轉向：《魔法少女小圓》第三話中，女主角鹿目圓的魔法少女前輩巴麻美頭部被咬食而死的畫面，震驚日本海內外的觀衆，日本甚至誕生了表示「頭斷而死」的新動詞：「麻美掉（マミる）」，至此魔法少女綺麗絢爛的童話世界完全瓦解。《魔法少女小圓》一舉揭穿既有魔法少女所處的原來只是華麗花稍而安全無虞的表演舞台，包括《魔法少女奈葉》、《強襲魔女》兩部軍武性質的魔法少女，距離生死攸關的眞實戰場也還非常遙遠。

經由上述的討論，我們對於魔法少女類型動畫內在結構變遷已有一定的認識，筆者接下來便要嘗試說明內在結構變化如何使魔法少女動畫與百合文化形成互助互生的關係：魔法少女動畫如何於內在結構變化的過程中吸收百合元素，內在結構變化又如何呈現女性樣貌多樣化，進而吸引百合控閱讀魔法少女動畫，形構出一種彼此互惠的循環？

首先是被拯救主體的轉向促成「王子」消失於魔法少女類型動畫，提供了作品吸收百合元素的前提。綜觀所有的魔法少女類型動畫，卽可發現男性角色是相對少數，這樣的客觀條件構成百合控歪讀的空間，進而吸引百合控收看動畫與購買周邊商品，並且促使原先可能無意挪用百合元素的製作方，在明確覺察百合商機之後，開始眞正採用百合元素作爲行銷手法。

《魔法少女奈葉》當屬顯著案例，第一季中女主角高町奈葉拯救雪貂形態的男主角由諾，並接受由諾的請求而搜集散落於地球、來自其他次元的高度文明遺產「寶石種子」，搜集過程中高町奈葉邂逅了以敵對身分登場的另一名女主角菲特．泰斯塔羅莎，此後大部分的篇幅都在描寫高町奈葉如何努力使菲特．泰斯塔羅莎投誠我方。兩名女主角互動的橋段遠多於男女主角的交流，遂吸引了百合控收看該作，歪讀高町奈葉與菲特．泰斯塔羅莎的情誼為戀情。事實上，《魔法少女奈葉》周邊商品經常主打高町奈葉與菲特．泰斯塔羅莎的配對組合，並不斷以二者堅定的情誼作為賣點，顯示出製作方有意操作百合元素的行銷手法。除卻周邊商品，該作二、三季中男主角由諾的戲分不斷削減終致退位為配角，以及第三季中高町奈葉與菲特．泰斯塔羅莎共同監護一名女童薇薇鷗，薇薇鷗稱二者為「奈葉媽媽」與「菲特媽媽」，使三人成為擬似家庭的親子關係等安排，都是吸納百合元素的痕跡。

另外三項轉向則是使女性樣貌多樣化成為可能，遂進而吸引百合控閱聽魔法少女動畫。前文已敘明由簡單發展到複雜的敘事結構、從魔法擴大到軍武的題材，以及解構童話走向寫實的風格，都使魔法少女由閃亮夢幻的舞台出走。此一出走，促成魔法少女的面貌不再受限刻板的女性形象，開始具備女性原本即能擁有、卻在刻板印象中屬於男性的特質和才能。包括最符合典型魔法少女敘事結構的《光之美少女》，也可見女性樣貌多樣化的人物形象，譬如一、二季（第一代）的主角美墨渚、第三季（第二代）的主角日向咲都是運動健將，擁有中性外表並廣受女同學歡迎，第七季（第五代）的第三主角明堂院樹更直接以男性裝扮登場，以文武雙全、深獲女同學愛戴的學生會長之姿，成為該季主角花咲蕾的暗戀對象。呈現屬於少女漫畫中男主角的特徵開始被女性所挪用的狀況。

其實最初挪用男性形象而聞名的魔法少女當屬《美少女戰士》第三季登場的「水手天王星」天王遙，天王遙是一名競技運動全能的高中生賽車手，擁有成群女性粉絲。天王遙在動畫中屬於男裝麗人型角色，原作漫畫中則不但以男性身分登場，其性別更可隨意變換，唯有變身後必是女性，這項魔法少女的特例，隱約透露出魔法少女在挪用男性形象的過渡痕跡。

除了外型與氣質打破性別藩籬，魔法少女的能力也開始跨越性別刻板印象，譬如（男）性別化的職業如軍人，或者（男）性別化的技能如格鬥技、戰術兵法等，前述《魔法少女奈葉》即是例證。女性樣貌多樣化帶來的轉變中，對百合控乃至於一般非迷群的女性觀衆而言更具吸引力的，可能是魔法少女穿透了現實中職場女性的「看不見的天花板」（glass ceiling）而成爲主導場面的領導者。過往ＡＣＧ界中「救世主」的領導地位向來專屬於男性，女性通常扮演尋求保護的角色或居於被領導的位置，到了魔法少女類型動畫之中，終於輪到女性肩負起拯救世界的重責大任，成爲拯救行動中的最高領導者。當魔法少女作品展現女性主體性，開展女性樣貌的多樣化，便帶動百合控乃至其他女性觀衆成爲魔法少女類型動畫的閱聽人。

據上所述，既然魔法少女動畫能有效吸引百合控的關注，而作品中又無「王子」角色，百合控遂得以進一步歪讀魔法少女動畫；百合控歪讀作品所開創的百合商機，進一步成爲製作方的市場考量，導致魔法少女動畫回返吸納百合元素，於是二者不斷循環，形成互助互生的關係。

三、魔法少女動畫內在結構變遷與外在結構之關聯

如將文本的內在結構視作一種表徵（representation），其所對應的外緣社會情境則才是本相（reality）。任何一種文類都不可能純粹基於文類自身的成長而產生內在結構的變化，勢必受到文本之外的社會情境結構變遷所影響，魔法少女類型動畫亦如是。因而要對魔法少女類型動畫有全面的理解，除了理解其表徵的變遷，更需對其本相有所認識。

魔法少女內在結構的轉向，與外緣社會中女性經濟自主以及女性意識成長的客觀條件有其相關。女性走出家庭，邁入職場與男性平等競爭，男女平權的和諧社會儼然到來，魔法少女才能開始跨越性別的區隔，進占性別化的男性職場，挪用男性的特質和才能，不再受限於父權結構下性別本質化的女性形象，進而展現（本來就）多采多姿的女性樣貌。然而，如同男女平權的和諧社會迄今仍未眞正到來，魔法少女類型動畫的深層結構，正直指女性在現實社會中其實仍然有著「看不見的天花板」，無法隨心所欲伸展手腳，導致女性只能依靠魔法淩虛御風，脫離現實世界去尋找可發揮的舞台。

（一）魔法作爲一種表徵

前文述及魔法少女的特徵至少有二：戰鬥與變身。筆者認爲應當再加上一項「魔法」，將會更加完整。如果魔法少女的「戰鬥」要素作爲一種表徵，指向的便是現代女性征戰職場甚至整個現實社會的本相，戮力於殺出密實的父權重圍，然而當「魔法」要素作爲一種表徵，卻暴露出戮力之無力的本相。我們再重讀一次前文所整理的魔法少女類型動畫基礎敍事結構：主角是女性，在魔法生物（守護精靈／使魔）的輔助下，透過某種媒介（魔具）而能變身，並得到某種過去不曾擁有的力量（魔法），而所行之事是一個祕密。我們赫然發現女性在魔法少女動畫的敍事之中，竟是透過他人賦予的力量才能開展主體，換言之，當女主角的力量來自於從天而降的他者，這個「他者」遂宛如拉岡（Jacques Lacan）所謂「至高他者」（the Other）的化身，揭示出現實世界中女性仍然受制於「至高他者的凝視」（the gaze of the Other），受到無所不在的督導與指揮。

（二）變身作爲一種表徵

魔法少女的三項特徵：魔法、戰鬥、變身，前文已論其二，第三項「變身」要素亦值得深入討論。ＡＣＧ界的變身系戰士並不罕見，譬如美國漫畫中的超級英雄如超人、蜘蛛人都有變身橋段，日本少年漫畫更是不勝枚舉，《七龍珠》的超級賽亞人便是一個舉世知名的例子，但是魔法少女的變身與男性的變身系戰士最大的不同，即男性戰士的力量來自本身，而女性戰士的力量卻來自他者。

美系的超人、蜘蛛人的變身其實只是變裝，實際力量是在變身之前就已具備；日系男性戰士的變身則是建立於自身的力量成長之上，《七龍珠》主角孫悟空的三段變身模式（超級賽亞人、超級賽亞人二、超級賽亞人三），每一段變身都是由於主角經由鍛鍊成長的結果，而魔法少女卻必須假藉外物（魔具）才能變身。

雖然日本ACG作品中的巨型機器人文類之中，男性角色同樣是假借外物才能擁有力量，然而女性卻無論變身系戰士與巨型機器人文類，都未能倚賴自身力量成長，顯示出男性在變身系戰士與巨型機器人文類中尚有選擇性，而女性卻別無選擇。

同時應當注意到的是，魔法少女的多段變身，其實只是強化魔具，抑或是裝備更多的魔具，據此魔法少女的「變身」突顯了兩件事：一是女性想要擁有力量，二是女性本身沒有力量。女性對自我實現的需求，促使女性想要擁有不落（男）人後的力量，然而自我實現的需求撞上看不見的天花板卻顯得無力，因此只能在ACG界之中仰賴魔法變身，飛越看不見的天花板。

綜述之，魔法少女三項特徵作爲表徵，必須透過魔具才能變身爲救世領導者的魔法少女，指向的乃是現實中的女性仍難以躍居高階領導地位的社會本相，魔法少女馳騁的沙場原來是烏托邦幻境。然而，不能因此否定女性戮力殺出重圍的積極行爲，《魔法少女小圓》作爲魔法少女類型動畫的解構之作，即直接揭穿魔法少女接受來自他者的力量實非幸事，並以魔法少女之死宣告虛構烏托邦的破滅，而現階段邁向軍武性質的魔法少女，即可能是從烏托邦走入現實社會的過渡階段。

四、主流價值收編的魔法少女動畫

至此，筆者將藉由透過對魔法少女動畫的分析，指出一般百合作品通常具有的兩面性：伸張女性主體性的積極面，與受主流價值收編的消極面。內在結構變遷的分析即指出女性透過魔法少女類型動畫的主體性展演過程，投射出外緣社會情境中女性在現實困境中追求主體性的積極面，然而筆者將在本節更進一步指出魔法少女類型動畫受到主流價值收編的狀況，父權文化其實可能藏匿於其深層文化結構之中。

（一）性別本質化

魔法少女雖然帶來女性樣貌多樣化的可能，但並非線性的發展狀態，仍有許多作品在在強化性別刻板印象。以《光之美少女》爲例，第七季雖有挪用男性特質的角色明堂院樹，但第七季傳說中的戰士「光之美少女」便是採用（女）性別化的香水作爲變身魔具，光之美少女將香水噴灑在身上各處，轉圈後換上魔法少女亮麗可愛的戰鬥服，如此華麗的變身畫面，毋寧更像是登台表演的換裝，而非上戰場的武裝過程，也因此女性特質再度受到強調，更加鞏固了性別刻板印象。[42]

以動畫角色來分析，《光之美少女》第七季主角之一的明堂院樹並非基於性別認同取向才做男裝打扮，而是其兄長孱弱無法主持自家武術館，希冀代兄肩負起武術館繼承人之責，刻意於日常生活中以男裝行事，實際上明堂院樹是個喜歡布娃娃和可愛服飾，相當女性化的少女。第七季劇末，明堂院樹的兄長恢復健康開始練武，明堂院樹便蓄起長髮、脫去男性制服，回復符合女性形象的女性姿態。又譬如《光之美少女》一、二代的主角美墨渚、日向咲，雖然都受到女性同學的歡迎，但相較於二者具有傳統女性角色形象的搭檔雪城穗乃香（第一代）、美翔舞（第二代），中性化的美墨渚與日向咲反而都有單戀的男性，顯示出魔法少女挪用男性形象的同時，異性戀結構仍然藏身其中，而性別本質化的藩籬並不因挪用異性形象便能輕易翻越。[43]

---

42 當然，反過來看，女性將用以打造華美嬌弱形象的女性用品來「武裝」自己，也可視作反向的自我強化，呈現出即便是柔弱的女性也可以很強悍的畫面。但不可否認地，這樣的變身畫面仍在強化女性的「社會性別」，無法擺脫「女性就應該像個女性」的傳統思維。

（二）父權收編

正如魔法作爲一種表徵所揭示的，魔法少女必須在魔法生物的輔助之下，透過魔具變身才能獲得力量，失去魔具的魔法少女面對敵人時只能束手無策，暴露出來自他者的力量毋寧更像是一種制約。再度以《光之美少女》爲例，在八季作品中，其中第一代和第三代主角分別擔綱一、二季與四、五季的主角，這兩代主角都曾在前一季的任務結束而失去魔具，而在後一季第一集遭遇敵人的時候分別選擇束手就擒與逃離戰場，最後在千鈞一髮之際，魔法生物再度從天而降，少女得到新的魔具變身爲魔法少女，順利解決危機——此時此刻，原本看似魔法少女保護魔法生物的畫面，豈不更像是魔法少女被魔法生物所解救嗎？

另以「百合會論壇翻譯同人漫畫數量排行榜」中的第七名《舞—HiME》、第八名《強襲魔女》爲例，此二者皆屬非變身系魔法少女動畫，[44]但不需要變身的魔法少女未必就能逃脫他者的控制。《強襲魔女》的魔法少女之所以能凌虛御風，憑藉的不是自身的魔力，而是世界各國軍事組織所開發的「飛行腳」——儘管《強襲魔女》第二季中魔法少女亦曾駕馭掃帚飛行——魔法少女必須仰賴軍方開發的「飛行腳」，方能飛上天空乃至外太空與異形軍進行對戰。此外，魔法少女固然是戰場中的主力，軍方高層卻都是男性，改良「飛行腳」的關鍵研究者亦是該作女主角宮藤芳佳的科學家父親，而非宮藤芳佳擁有魔力的母親。換言之，魔法少女在《強襲魔女》受制於

「飛行腳」乃至軍隊高層的狀況，說明了「他者」不過是由魔法生物替換爲軍事組織而已，而男性威權體系甚至毫無掩飾地登堂入室。

《舞—HiME》則是以高中校園爲背景，被神祕的媛星之力選上而成爲 HiME 的十二位女性，得以藉由自身對最重要之人的思念，召喚出宛如巨型機械獸的「心之子」及魔具，然而爲了避免失去心愛之人以及挽救世界免於毀滅，十二位女性必須展開舞姬之戰，直到最後一人存留。大多數的 HiME 並不知道自己爲何而戰，亦不知道舞姬之戰竟是彼此廝殺，但都在敗戰將導致「心之子」滅亡及連帶促成思念之人死亡的恐懼之下，與本是朋友的 HiME 展開戰鬥。《舞—HiME》更加明顯地存在著有絕對的（absolute）他者，此即以隱身於背後的黑曜之君爲首的力量，迫使十二位 HiME 必須隨之起舞，進行不合本意的舞姬之戰。

43　《光之美少女》與後來擴大目標客群的魔法少女動畫不同，其目標客群始終是年幼的女性，在挪用男性形象的同時，刻意強調異性戀結構，也許是考量到主要目標客群——女童——的性別認知正處在社會化過程中，避免引起家長的疑慮，因此反過來強化這兩個中性角色的異性戀傾向。

44　《舞—HiME》的系列作《舞—乙 HiME》則又回歸變身系魔法少女，因而在此不以《舞—乙 HiME》為討論對象。

因而從深層結構觀之，顯然魔法少女類型動畫之中，他者居於權力位置的高位，而魔法少女類型動畫透過女性主體性的建立與開展，使得女性主體沉溺於魔法世界，透過層層編織被放置在原有父權體制的低位而不自知，父權體制便是如此高明地收編了努力在魔法少女世界中開創可能性的女性主體。

討論至此，大致已對於魔法少女類型動畫與百合文化的關聯做了簡單的分析，並透過魔法少女類型動畫內在結構的變遷，指出以女性爲主的百合迷群，如何透過魔法少女類型作品所呈現女性主體性展演而得到閱讀快感，然而百合控的閱讀快感卻又是建立在外在社會情境中女性面臨「看不見的天花板」的困境之上，且魔法少女類型動畫仍有受到主流價值收編的危險，上述皆是閱讀魔法少女動畫乃至其他百合作品需要小心的陷阱。但筆者認爲不必太悲觀看待，正如四項內在結構的變遷帶來的價值鬆動，即可見主流價值雖然密實，但卻未必顚撲不破。

透過魔法少女類型動畫的分析，或許進而可以推論，百合文化之所以興起於二〇〇〇年代之後，乃與現實社會情境結構的改變有關。當女性主體意識逐漸增強並且經濟獨立，不但使女性消費者增加，開始追求自我實現之可能的女性消費者亦開始消費以女性爲主體的商品文類，遂使以女性爲主體、關照女性情感需求的百合作品有其市場基礎，並出現擁有女性認同的百合控，百合文化終至成形。

女性消費以女性爲主體、關照女性情感需求的百合作品，同時也可以說明百合文化之所以能由日本傳播至華文圈／台灣，乃是因爲三地有共通的社會時空背景，此卽女性處於經濟獨立自主、而又未能達到男女平權的社會情境，遂有共同的需求。更進一步說，正因爲華文圈／台灣與日本有相同的社會深層結構，方才使日本百合文化能在欠缺文學脈絡與文化情境的情況下，順利嫁接於華文圈／台灣，致使外來的百合之花，得以於異地土著而開花。

第五章 結論

二〇〇六年，台灣尖端出版社為旗下進口漫畫開闢了「百合」專門書系，正式將日本ACG界的百合文化引進台灣出版市場，促使百合文化進入一般非迷群的漫畫讀者的閱讀場域。在此之前，台灣ACG文化中並沒有「百合」一詞的語境及文化脈絡可循，台灣一般漫畫讀者大多不知道何謂「百合」。然而，當東立出版社於二〇一〇年跟進開闢了「百合姬」專門書系，卻可見百合文化順利地為台灣讀者所接受的情況。發源於日本的百合文化，日本自身有其文化脈絡，作為外來文化在異地根植時，何以異地台灣能在欠缺文化脈絡的情況下，相當快速地吸收外來文化並加以內化為屬於自己的迷文化？筆者認為答案是流行百合文化的區域有著相同的深層社會結構。

論及深層社會結構之前，須對百合文化的發展流變有所認識，因而本書首先探索日本百合文化在原生地的文化脈絡，其次考察百合文化如何移動到華文圈乃至台灣，最後梳理百合文化在台灣的土著狀況，藉此提出概略的百合文化發展史。可以這麼說，本書重心在建構初步的白合文化發展史，從日本原生百合文化的源流發展、日本百合文化經由網路傳播路徑流通到華文圈的移動脈絡，乃至於華文圈百合文化從網路流通到進入台灣出版市場的土著狀況，指出百合文化之所以能異地根植，乃因異地與原生地有著相同的社會結構作爲土壤所致。

筆者致力於書寫歷史脈絡，但仍有其限制，最大缺憾在筆者對日本百合文化的細節認識不足，關於日本「百合」一詞的演變未能予以更加細緻深入的考據，日本百合控的性別比例也未能取得有效數據，以致使本書僅能對日本百合文化提出概括性的認識，無法詳細闡明日本百合文化的細部情形。惟受限於筆者作爲台灣研究者，觀察日本百合文化的流變有其時間空間上的隔閡，兼有取材上的困難，致使筆者無法如同觀察華文圈／台灣百合文化流變的便利有效，日本百合文化的細部研究尚需留待日本本土研究者處理。

筆者整理台灣百合文化的受容狀況，也有許多未竟之處。筆者引用ＦＦ18販售會的百合社團所占比例，佐證說明百合文化的在台土著狀況，但僅有單一場次的販售會數據不足以觀察發展趨勢，筆者認爲同人誌販售會中百合社團的整體發展趨勢也是値得研究的方向。台灣本土職業漫畫家人數稀少，作品影響力微小，無法適切反應迷文化的成長趨勢，相較之下，台灣同人誌社團卻呈現出逐年蓬勃發展的趨勢，同人誌展覽不僅成爲定期舉辦的活動，舉辦單位也逐步增加，顯見同人誌展覽較之本土職業漫畫家及其作品，對迷群的影響力更大（當然，對非迷群的ＡＣＧ讀者則未必如此），兼之同人誌的創作者往往本身就是迷群，因此對同人誌展覽的研究更能具體分析迷文化的發展歷程。惟現階段就ＦＦ18百合社團僅占全部社團的5.8％的數據觀之，考量到往前溯其發展狀況不但相對困難，對台灣百合迷文化發展史的認識亦無太大助益，追蹤觀察則是可以繼續考察的研究方向。

此外，筆者以Ｈ漫、魔法少女類型動畫做文本分析，其實在兩類文本之外，尚有許多文本有其研究空間，譬如筆者整理的「百合會論壇同人漫畫數量排行榜」中的第一名「東方 Project」電腦遊戲。「東方 Project」的同人誌數量非常龐大，可見百合迷群對這款遊戲的喜愛程度之高，但與筆者所欲處理的發展史無明確關聯，故而本書並未加以著墨，如欲針對百合文化進行文本分析，該作亦是可供思考的方向。文本分析之外，更細緻的讀者研究現階段也極爲欠缺，相信在開發新文本的同時，並佐以百合迷群的訪談內容，將能更全面地認識百合迷文化的全貌。

參考文獻

一、討論文本

（一）輕小說

1. 今野緒雪著，陽雨等人翻譯，《瑪莉亞的凝望》：24冊，青文，2007-2011。

（二）漫畫

1. 沈蓮芳，《一輩子守著妳》：全2冊，東立，2007-2008。

（三）動畫

1. 武內直子原作，佐藤順一導演，《美少女戰士》：全46話，東映動畫，1992-1993。
2. 武內直子原作，佐藤順一、幾原邦彥導演，《美少女戰士R》：全43話，東映動畫，1993-1994。
3. 武內直子原作，幾原邦彥導演，《美少女戰士S》：全38話，東映動畫，1994-1995。
4. 武內直子原作，幾原邦彥導演，《美少女戰士SuperS》：全39話，東映動畫，1995-1996。
5. 武內直子原作，幾原邦彥導演，《美少女戰士Sailor Stars》：全34話，東映動畫，1996-1997。

6. 都築真紀／ivory原作，新房昭之導演，《魔法少女奈葉》：全13話，SEVEN．ARCS，2004。
7. 都築真紀／ivory原作，草川啟造導演，《魔法少女奈葉A's》：全13話，SEVEN．ARCS，2005。
8. 都築真紀原作，草川啟造導演，《魔法少女奈葉StrikerS》：全26話，SEVEN．ARCS，2007。
9. 東堂泉原作，西尾大介導演，《光之美少女》（ふたりはプリキュア）：全49話，東映動畫，2004-2005。
10. 東堂泉原作，西尾大介導演，《光之美少女Max Heart》（ふたりはプリキュアMax Heart）：全47話，東映動畫，2005-2006。
11. 東堂泉原作，小村敏明導演，《光之美少女Splash Star》（ふたりはプリキュアSplash Star）：全49話，東映動畫，2006-2007。
12. 東堂泉原作，小村敏明導演，《Yes！光之美少女5》（Yes！プリキュア5）：全49話，東映動畫，2007-2008。
13. 東堂泉原作，小村敏明導演，《Yes！光之美少女5 GoGo！》（Yes！プリキュア5 GoGo！）：全48話，東映動畫，2008-2009。
14. 東堂泉原作，志水淳兒、座古明史導演，《FRESH光之美少女！》（フレッシュプリキュア！）：全50話，東映動畫，2009-2010。
15. 東堂泉原作，長峯達也導演，《HEARTCATCH光之美少女！》（ハートキャッチプリキュア！）：全49話，東映動畫，2010-2011。
16. 東堂泉原作，境宗久導演，《SUITE光之美少女♪》（スイートプリキュア♪）：全48話，東映動畫，2011-2012。

17. 東堂泉原作，大塚隆史導演，《SMILE光之美少女！》（スマイルプリキュア！）：全48話，東映動畫，2012-2013。

18. Magica Quartet原作，新房昭之導演，《魔法少女小圓》：全12話，SHAFT，2011。

二、中文專書

1. 安．葛雷（Ann Gray）著，許夢芸譯，《文化研究：民族誌方法與生活文化》（永和：韋伯文化國際，2008）。

2. 艾莉斯．馬利雍．楊（Iris Marion Young）著，何定照譯，《像女孩那樣丟球》（台北：商周出版，2006）。

3. 林芳玫，《解讀瓊瑤愛情王國》（台北：臺灣商務，2006）。

4. 洪德麟著，《台灣漫畫四十年初探（1949-1993）》（台北：時報文化，1994）。

5. 洪德麟編著，《風城臺灣漫畫五十年》（新竹：竹市文化，1999）。

6. 約翰．史都瑞（John Storey）著，張君玫譯，《文化消費與日常生活》（台北：巨流，2001）。

7. 茂呂美耶，《傳說日本》（台北：遠流，2007）。

8. 張小虹，《怪胎家庭羅曼史》（台北：時報文化，2000）。

9. 陳仲偉，《日本動漫畫的全球化與迷的文化》（台北：唐山：正港資訊文化，2009年7月）。

10. 陳仲偉著，逢甲大學庶民文化研究中心，台灣動漫畫推廣協會主編，《台灣漫畫文化史：從文化史的角度看台灣漫畫的興衰》（台北：杜葳廣告股份有限公司，2006）。

11. 陳仲偉著，逢甲大學庶民文化研究中心，台灣動漫畫推廣協會主編，《台灣漫畫年鑑：對漫畫文化發展的另一種思考》（台北：杜葳廣告股份有限公司，2008）。
12. 傻呼嚕同盟，《Dead or Alive：台灣阿宅啟示錄》（台北：時報，2009）。
13. 傻呼嚕同盟共同企劃，《COSPLAY·同人誌之秘密花園》（台北：大塊文化，2005）。
14. 蕭雄淋，《新著作權法逐條釋義（全三冊）》，（台北：五南，1996）。
15. 謝銘洋等著，《著作權法解讀》（台北：月旦出版：知道總經銷，1992）。
16. 蘇西高德生（Suzi Godson），梅爾亞佳斯（Mel Agace）著，彼得史得姆勒（Perer Stemmler）圖，嚴麗娟譯，《21世紀新性愛聖經》（台北：性林文化，2004）。

三、日文專書

1. 井上章一、関西性慾研究会編著，《性の用語集》（東京：講談社，2004）。
2. 井上章一、斉藤光、渋谷知美、三橋順子合編，《性的なことば》（東京：講談社，2010）。
3. 水間碧，《隠喩としての少年愛——女性の少年愛嗜好という現象——》（大阪：創元社，2005.2）。
4. 石田美紀，《密やかな教育——〈やおい·ボーイズラブ〉前史》（京都：洛北出版，2008）。
5. 菅聡子主編，《〈少女小説〉ワンダーランド——明治から平成まで》（東京：明治書院，2008）。
6. 須川亞紀子等合著，《魔法少女アニメ45年史——「魔法使いサリー」から「まどか☆マギカ」へ》（東京：STUDIO ZERO，2012）。

7. 須川亞紀子，《少女と魔法——ガールヒーローはいかに受容されたのか》（東京：NTT出版，2013）。

四、期刊單篇論文

1. 岩淵功一，〈日本文化在台灣：全球本土化與現代性的「芬芳」〉，《當代》7=125，1998.01，頁14-39。
2. 西田隆政，〈「百合」作品言語表現考：作品『百合男子』を補助線として〉，《女子学研究》2，（神戸：甲南女子大学女子学研究会，2012.3），頁58-65。
3. 楊若慈，〈日本BL文化在台灣的受容：以台灣BL言情小說為考察對象〉，《庶民文化研究》5，2012.3，頁1-25。
4. 李衣雲，〈解析「哈日現象」：歷史・記憶與大眾文化〉，思想編委會編著《台灣的日本症候群》（台北：聯經，2010）頁99-110。
5. 邱佳心，張玉佩合著，〈想像與創作：同人誌的情慾文化探索〉，《玄奘資訊傳播學報》6，2009.07，頁141-172。

五、雜誌文章

1. 〈GL特集〉，《ダヴィンチ雜誌》2009年9月（東京：メディアファクトリー，2009.8.6），頁

196-203。

六、學位論文

1. 李衣雲，〈斷裂與再生—對台灣漫畫生產的初探〉（台北：國立台灣大學社會學研究所碩士論文，1996）。
2. 柯瓊閔，〈朱德庸漫畫之性別再現（1983~2006）〉（台北：國立台灣師範大學歷史學系在職進修碩士班碩士論文，2008）。
3. 張茵惠，〈薔薇纏繞十字架：BL閱聽人文化研究〉（台北：國立臺灣大學新聞研究所碩士論文，2007）。
4. 張覺之，〈台灣女漫畫家研究（戰後～1990）〉（台東：國立台東大學兒童文學研究所碩士論文，2006）。
5. 陳怡蓁，〈劉興欽漫畫角色研究——以道德兩難為例〉（台東：國立台東大學兒童文學研究所碩士論文，2007）。
6. 陳虹毓，〈漫畫家劉興欽之研究〉（台中：台中技術學院商業設計系碩士班碩士論文，2008）。
7. 黃靖嵐，〈「帝國」的浮現與逸出：日本漫畫產業於台灣的「全球在地化」實踐〉（台中：東海大學社會學系碩士論文，2007）。
8. 楊曉菁，〈台灣BL衍生「迷」探索〉（台北：國立政治大學廣告研究所碩士論文，2006）。

9. 葉原榮，〈王子的國度：台灣ＢＬ（Boy's Love）漫畫迷的行為特質與愉悅經驗之研究〉（新北：國立臺灣藝術大學應用媒體藝術研究所碩士論文，2010）。
10. 賴怡伶，〈台灣少女漫畫發展與文本創作分析研究〉（台南：國立成功大學藝術研究所碩士論文，2000）。
11. 遲瑞君，〈牛哥漫畫之研究〉（台北：中國文化大學史學研究所碩士論文，2000）。
12. 鍾瑞蘋，〈同性戀漫畫讀者之特性與使用動機之關聯性研究〉（台北：中國文化大學新聞研究所碩士論文，1999）。

七、網路資源

1. 《KomicaWiki》百科，〈咲 -Saki-〉條目：http://wiki.komica.org/wiki3/?cmd=read&page=%E5%92%32-Saki-&word=%E8%B6%85%E8%83%BD%E5%8A%9B%E7%99%BE%E5%90%88%E9%BA%BB%E5%B0%87%E5%B0%91%E5%A5%B3
2. 《フレッシュアイペディア FreshEye 百科》，〈百合（ジャンル）〉條目：http://wkp.fresheye.com/wikipedia/%E7%99%BE%E5%90%88_%28%E3%82%B8%E3%83%A3%E3%83%B3%E3%83%AB%29#cite_note-seiteki-3
3. 《百合辞書》〈百合（ゆり）〉條目：http://www.lares.dti.ne.jp/~maton/Terminology.htm#yu
4. 《維基百科》，〈魔法少女〉條目：http://zh.wikipedia.org/wiki/%E9%AD%94%E6%B3%95%E5%B0%

91%E5%A5%B3
5. 《維基百科》，〈ACG〉條目：http://zh.wikipedia.org/wiki/ACG
6. 《維基百科》，〈百合（同人文化）〉條目：http://zh.wikipedia.org/wiki/%E7%99%BE%E5%90%88_(%E5%90%8C%E4%BA%BA)
7. Komica2「YURI」：http://komica2.dreamhosters.com/index2.htm
8. my3q 網路問卷網站，楊若暉，〈動漫畫迷群屬性之研究〉：http://www.my3q.com/view/viewSummary.phtml?questid=403070
9. 巴哈姆特哈拉區「百合天國」：http://forum.gamer.com.tw/B.php?bsn=60405
10. 巴哈姆特哈啦區「百合天國」，ddt58438m，〈不知小妹我對百合和GL的區分是對還是錯呢？〉：http://forum.gamer.com.tw/C.php?bsn=60405&snA=520&tnum=4
11. 巴哈姆特哈啦區「瑪莉亞的凝望」，〈青文出版社輕小說校潤人員徵選辦法〉：http://forum.gamer.com.tw/C.php?page=1&bsn=40143&snA=83
12. 百合會論壇，★Vampires★，〈【調查向】百合控中有多少個是LES的？〉：http://www.yamibo.com/forum.php?mod=viewthread&tid=102241&highlight=%B0%D9%BA%CF%BF%D8
13. 百合會論壇，edith，〈300的生日是哪天啊？〉：http://www.yamibo.com/forum.php?mod=redirect&goto=findpost&ptid=97331&pid=3542383l&fromuid=37509
14. 百合會論壇，edith，〈一直有個疑問，百合會與山百合會有關係麼？〉：http://www.yamibo.com/forum.php?mod=redirect&goto=findpost&ptid=84220&pid=3510726&fromuid=37509

15. 百合會論壇，lightwang，〈百合和ＧＬ的分分合合〉：http://www.yamibo.com/forum.php?mod=viewthread&tid=107909&highlight=
16. 百合會論壇，misato，〈為ＧＬ正名---ＧＬ和百合的區分並不重要！〉：http://www.yamibo.ccm/forum.php?mod=viewthread&tid=19017&highlight
17. 百合會論壇，tsinsword，〈為什麼大家要持之以恆的討論百合、ＧＬ和ＬＥＳ的區別聯繫？〉：http://www.yamibo.com/forum.php?mod=viewthread&tid=58411&highlight
18. 百合會論壇，tun，〈ＧＬ vs 百合〉：http://www.yamibo.com/forum.php?mod=viewthread&tid=55026&highlight
19. 百合會論壇，一夜輕舟，〈絕美！內地首個女同性戀結婚照曝光〉：http://www.yamibo.com/forum.php?mod=redirect&goto=findpost&ptid=62445&pid=34552073&fromuid=37509
20. 百合會論壇，谷川絢，〈光譜式的百合定義〉：http://www.yamibo.com/forum.php?mod=viewthread&tid=35997
21. 百合會論壇，管理員筱林透，〈彌補薄弱的理論環節・關於百合與ＧＬ定義的有獎徵文〉：http://www.yamibo.com/forum.php?mod=viewthread&tid=14571&highlight
22. 批踢踢實業坊「ＧＬ」：http://www.ptt.cc/bbs/GL/index1.html
23. 東立出版社官方網站「客服中心／發問與建議／建議東立取得版權區」：http://www.tongli.com.tw/ReaderFAQ.aspx
24. 東立出版社官方網站「首頁／主題館／百合姬系列」：http://www.tongli.com.tw/ThemeGL.aspx

25. 青文出版社官方網站「聯絡青文／反應青文出版的漫畫、輕小說、電玩攻略本問題，如輕小說小卡索取、翻譯錯誤、詢問版權代理、建議出書」：http://www.ching-win.com.tw/?sinfo=contactus

26. 普威爾國際有限公司官方網站「討論區／卡通動畫類／主題動畫—討論、推薦區」：http://www.prowaremedia.com.tw/forum/

27. 聯合新聞網數位資訊作家專欄「傻呼嚕同盟」，tp著，〈從《光之美少女》談【魔女子】系列動畫〉：http://mag.udn.com/mag/digital/storypage.jsp?f_MAIN_ID=313&f_SUB_ID=2918&f_ART_ID=89586

附錄

附錄一

〈動漫畫迷群屬性之研究〉網路問卷簡述

本問卷透過 http://www.my3q.com 網路問卷網站設立，發送方式則透過批踢踢實業坊的GL板及BL板、百合會論壇以及 Facebook 相關群組進行發送，回收有效問卷共八一五份，受試者男女均有，然而女性將近八成七，顯示BL迷群與百合迷群以女性為大宗。

雖然網路問卷可能在採樣上存在許多可質疑的問題，但數據仍具參考價值，在此為問卷結果做一簡述。

在BL迷群的調查中，有九成八的問卷受試者認為BL作品的受眾以女性居多，調查讀者、創作者以及販售者的結果亦符合前項認知，女性受試者中，自認為腐女者44%，不是腐女而閱讀BL作品者24%，創作者為20%，販售者1%，同時身兼創作者與販售者8%。

妳（你）認爲 BL 作品閱讀族群中，男性較多，抑或女性較多？

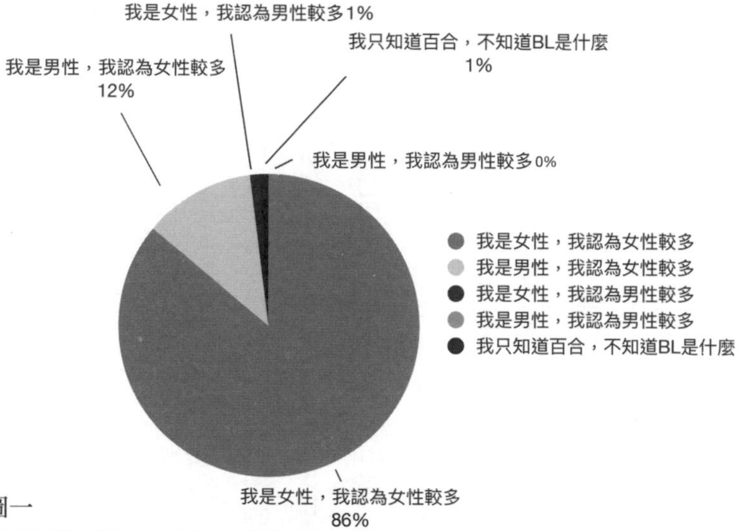

圖一

妳（你）認爲自己是腐女（男）子嗎？

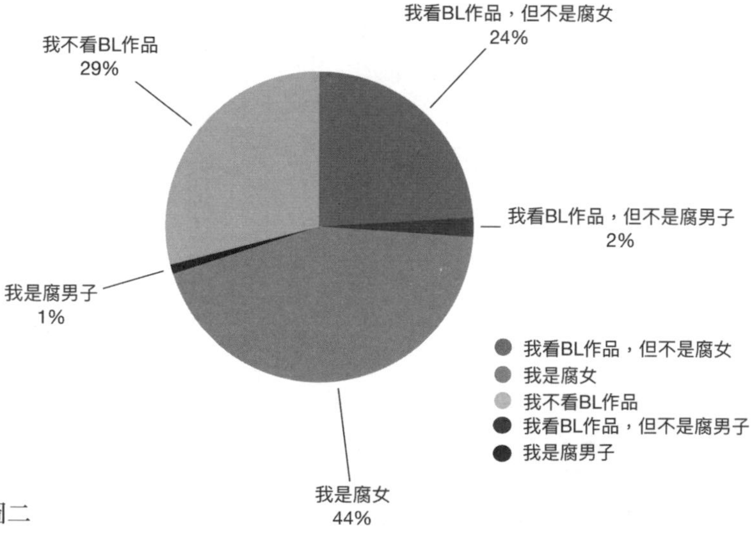

圖二

妳（你）曾經或現在是 BL 作品的創作者及販售者嗎？

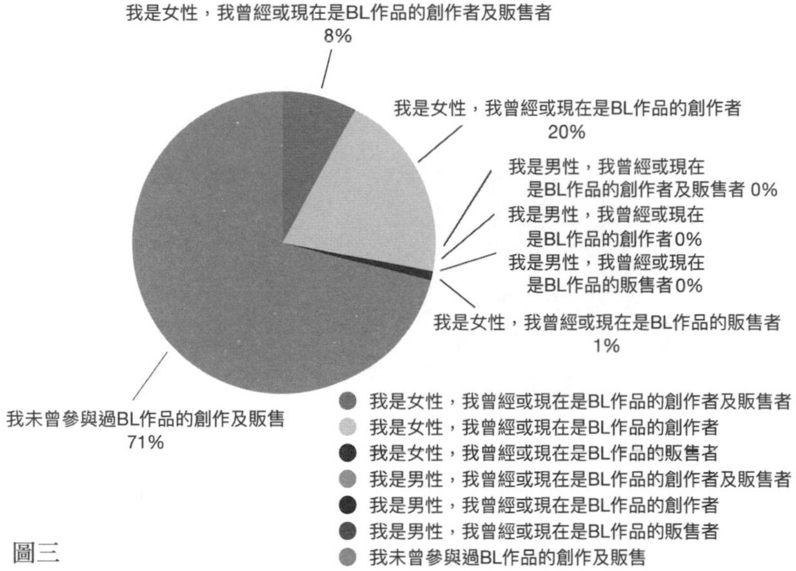

圖三

關於百合迷群的調查，有五成五的問卷受試者認爲百合作品的受眾以男性爲主，這項調查頗符合ＡＣＧ界的刻板印象，但從讀者、創作者以及販售者三方面來觀看，男性是爲百合控者６％，不是百合控而閱讀百合作品者３％，創作者爲２％，販售者與同時身兼創作者與販售者皆爲０％。

此外，由華人地區最大的百合控社群網站「百合會論壇」會員的性別來觀察，男性會員占問卷受試者的６％，而女性會員爲36％，可得出男女比例爲１：６。綜述之，通俗認知中以爲百合迷群以男性爲主的印象，實際狀況確以女性爲主。

妳（你）認爲百合作品閱讀族群之中，
男性較多，抑或女性較多？

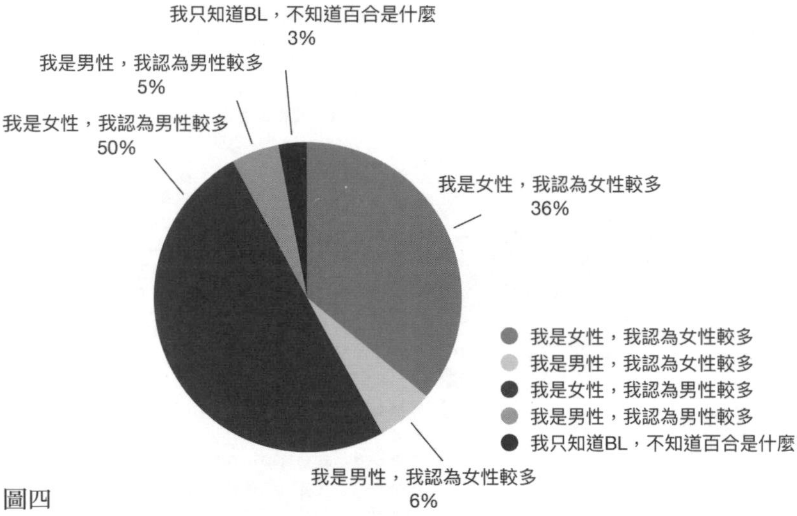

圖四

妳（你）認爲自己是百合控嗎？

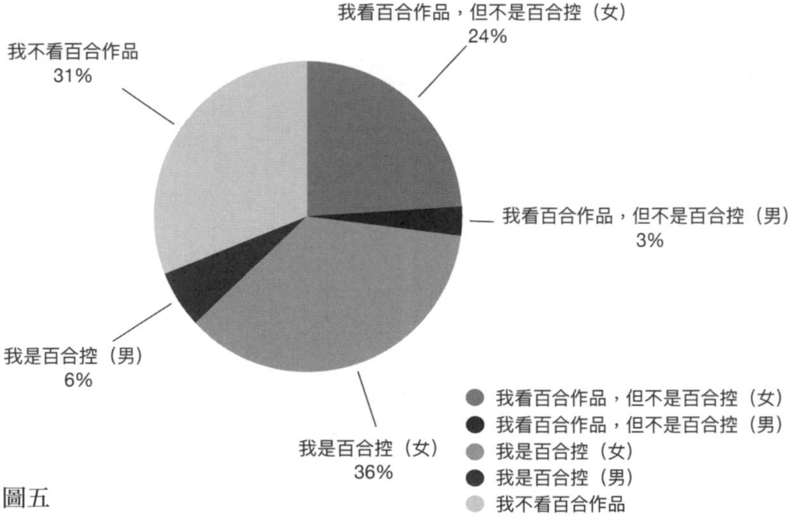

圖五

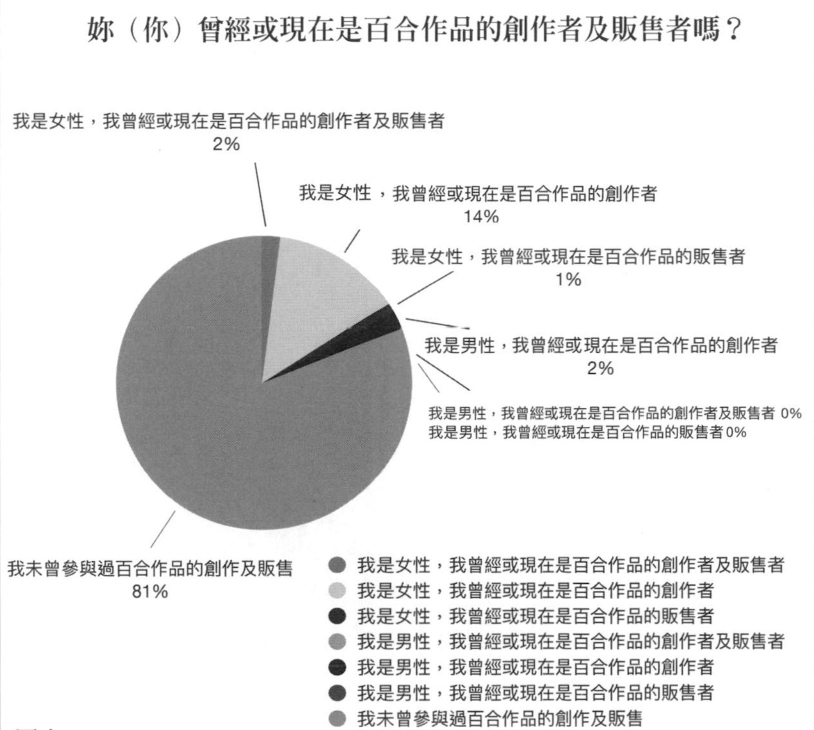
妳（你）曾經或現在是百合作品的創作者及販售者嗎？
我是女性，我曾經或現在是百合作品的創作者及販售者
2%
我是女性，我曾經或現在是百合作品的創作者
14%
我是女性，我曾經或現在是百合作品的販售者
1%
我是男性，我曾經或現在是百合作品的創作者
2%
我是男性，我曾經或現在是百合作品的創作者及販售者 0%
我是男性，我曾經或現在是百合作品的販售者 0%
我未曾參與過百合作品的創作及販售
81%
我是女性，我曾經或現在是百合作品的創作者及販售者
我是女性，我曾經或現在是百合作品的創作者
我是女性，我曾經或現在是百合作品的販售者
我是男性，我曾經或現在是百合作品的創作者及販售者
我是男性，我曾經或現在是百合作品的創作者
我是男性，我曾經或現在是百合作品的販售者
我未曾參與過百合作品的創作及販售

圖六

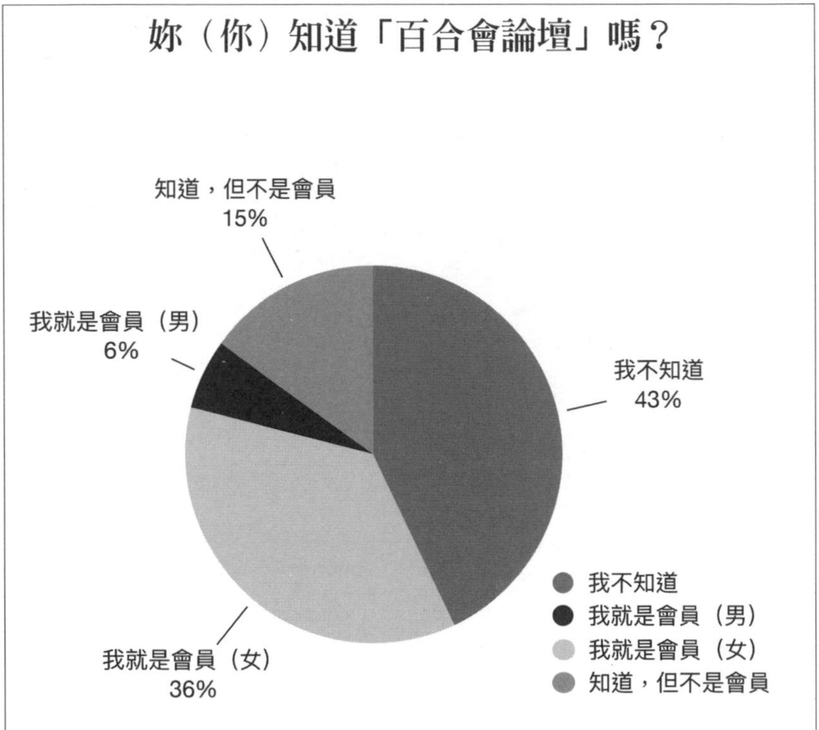
妳（你）知道「百合會論壇」嗎？
知道，但不是會員
15%
我就是會員（男）
6%
我不知道
43%
我就是會員（女）
36%
我不知道
我就是會員（男）
我就是會員（女）
知道，但不是會員
圖七

附錄二

〈「《百年好合》二〇一四年百合Only」參與者性別結構調查〉紙本問卷簡述

本問卷旨在調查台灣百合迷群的性別結構。

台灣於二〇一四年三月八日所舉辦的華文圈第一場百合Only同人誌販售會：「《百年好合》二〇一四年百合Only」，參與者基本上以迷群爲主，本次同人誌販售會參與者的性別比例應能合理反映台灣百合迷群的性別結構。

本問卷針對「《百年好合》二〇一四年百合Only場」的一百零八個攤位進行發放，回收有效問卷共七十七份。在此爲問卷結果做一簡述。

問卷受試者的性別比例，以女性居絕對多數，男女性別比例約達1：9。

參與本次活動的社團成員，並非全數皆是百合控。其中自我認定爲迷群的男女比例爲1：13。對照圖八的問卷結果，可見男性受試者相較於女性受試者而言，男性受試者對於「百合控」的身分認同較低。

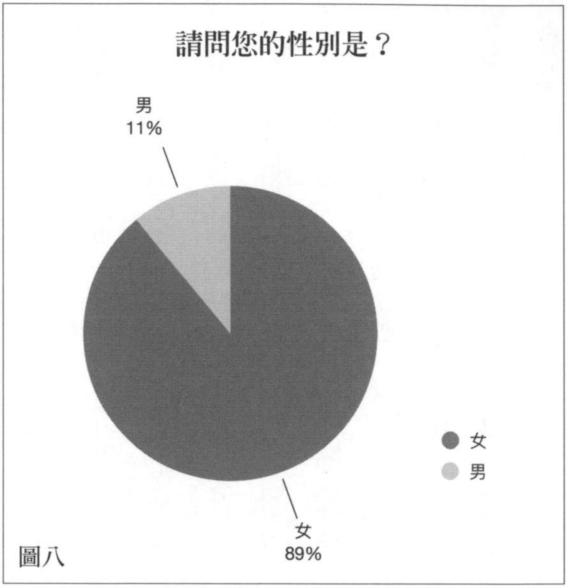

圖八

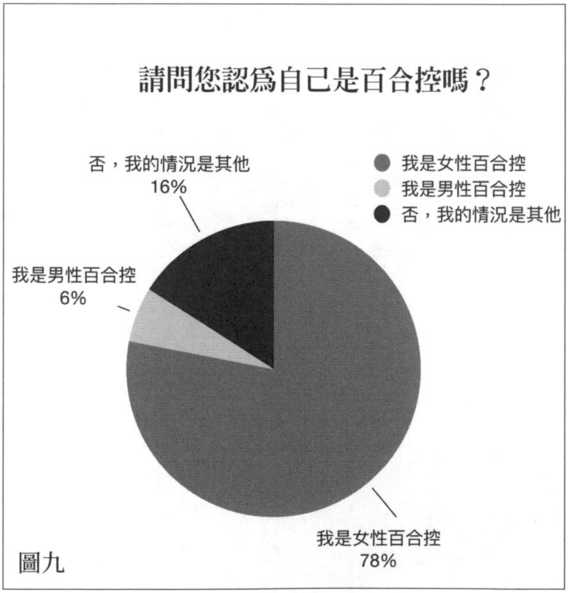

圖九

在百合迷群之間，高達66%的受試者認爲百合作品的閱讀族群以女性爲主，有26%的受試者認爲閱讀族群中男女一樣多，而僅有8%的受試者認爲以男性爲主。

本次同人誌販售會共有一百零八個攤位／一百零三個社團，七十七份有效問卷中共有七十三個社團。

請問您認爲百合作品的閱讀族群之中，
男性較多，抑或女性較多？

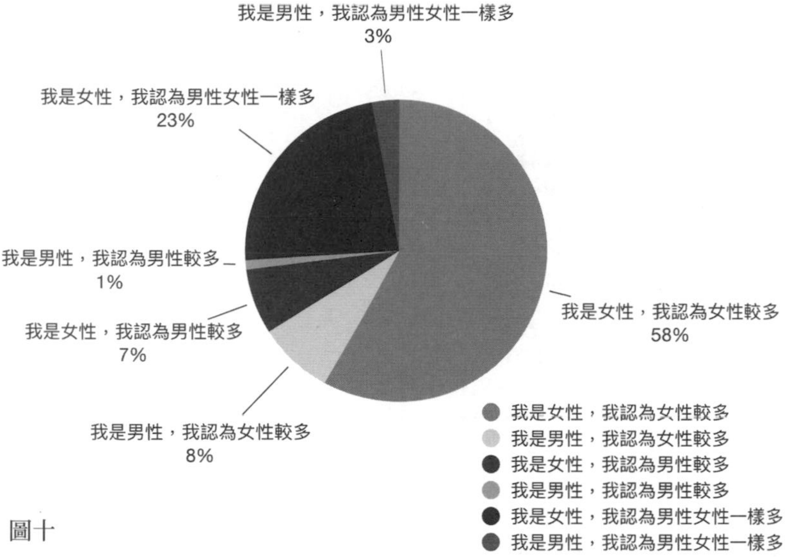

圖十

請問貴社團社員的性別分布狀況？

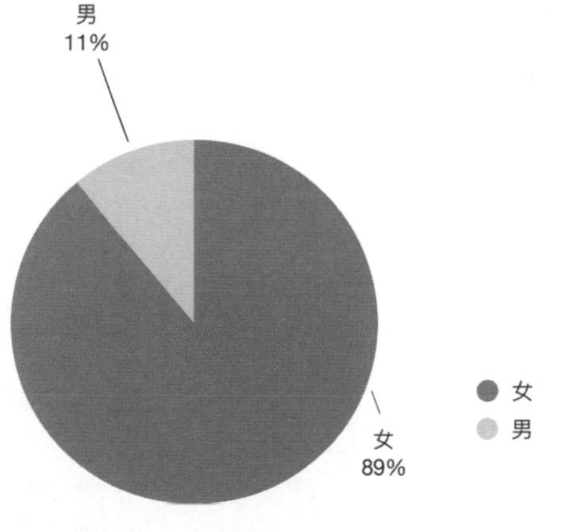

圖十一

本題以社團爲調查對象，針對各社團所有成員的性別進行調查，調查結果爲七十三個社團中共有女性成員一百五十六人、男性成員十九人。男女比例約爲1：9，恰與本問卷受試者的性別比例相符。

由圖十二、圖十三可知創作者的性別結構爲女多男少，圖十四則可知消費者的性別結構亦是女多男少，七十七份問卷中回答消費者性別分布狀況爲男多女少者爲0，可見百合作品無論創作者或消費者，皆以女性爲主。

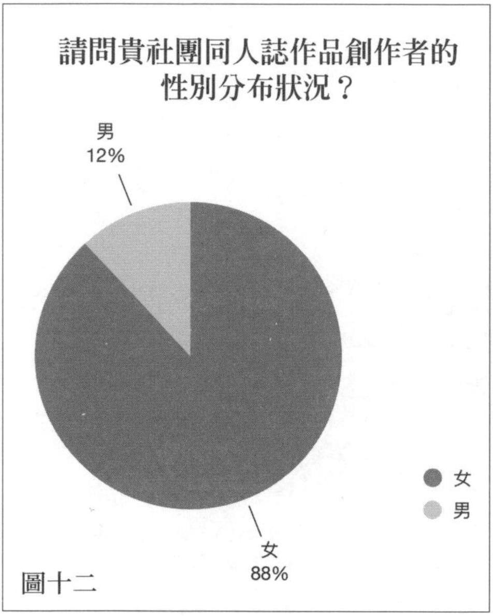

圖十二

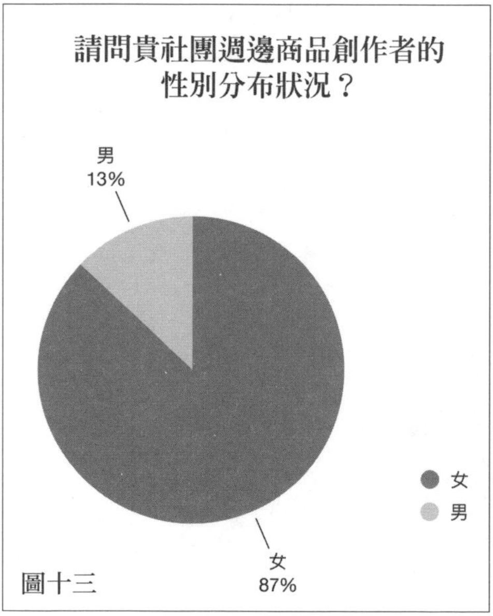

圖十三

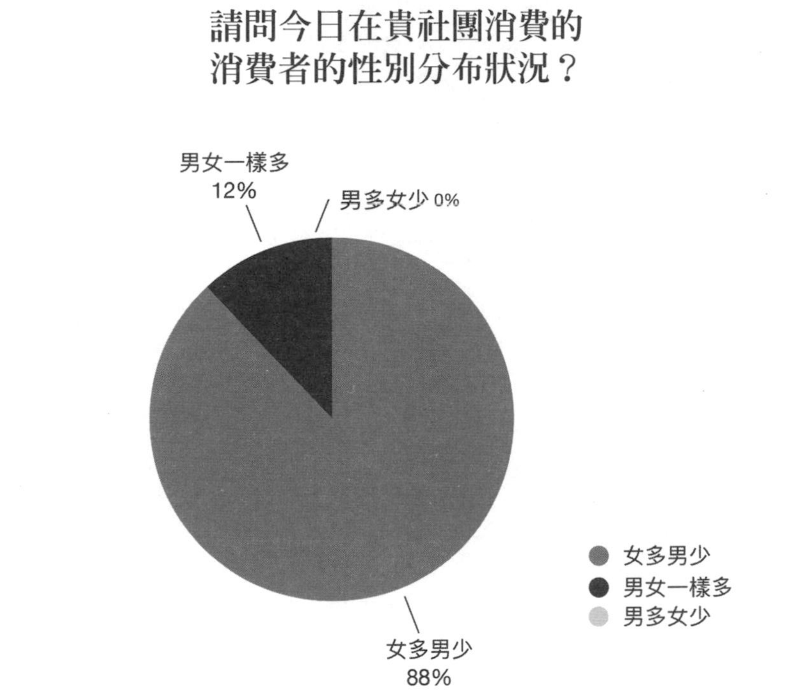
請問今日在貴社團消費的
消費者的性別分布狀況？
男女一樣多
12%
男多女少 0%
女多男少
88%
女多男少
男女一樣多
男多女少

圖十四

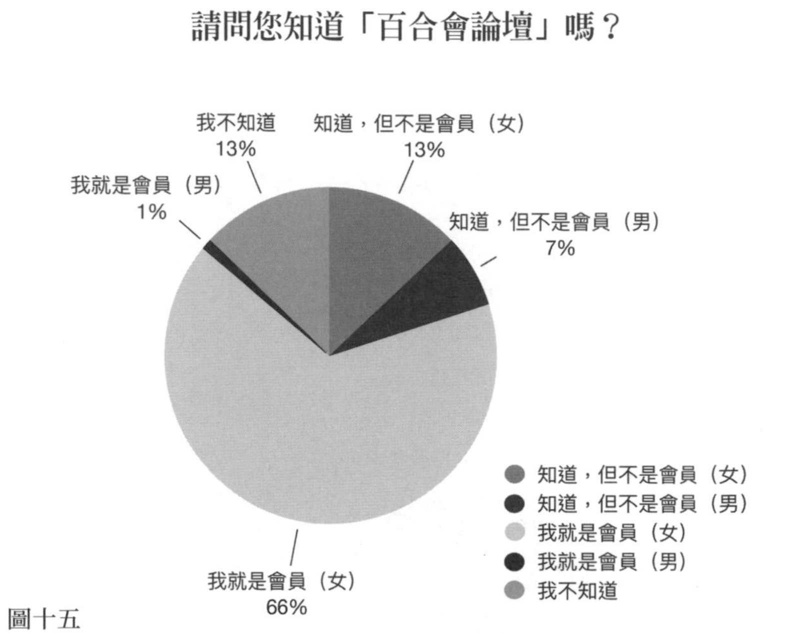

圖十五

參與台灣所舉辦的華文圈第一場百合Only同人誌販售會的攤位之中，有高達67％的受試者是百合會論壇的會員，20％的受試者知道百合會論壇但不是會員，不知道百合會論壇的受試者占13％，由此可知台灣的百合迷群實與百合會論壇有著密切關聯。

附錄三　百合會論壇翻譯同人漫畫數量全名次排行榜

排名	原著作品名稱	原著文類
1	東方 Project	遊戲
2	魔法少女小圓	動畫
3	魔法少女奈葉系列	動畫
4	K-ON！輕音部	漫畫
5	天才麻將少女系列	漫畫
6	瑪莉亞的凝望	輕小說
7	舞 HiME+ 舞 - 乙 HiME	動畫
8	強襲魔女系列	動畫
9	輕鬆百合	漫畫
10	VOCALOID 系列	合音軟體
11	幸運星	漫畫
12	美少女戰士	漫畫
13	Fate\Stay Night 系列（含外傳）	遊戲
14	魔法禁書目錄：科學超電磁砲	漫畫
15	光之美少女系列	動畫
16	涼宮春日系列	輕小說
16	薔薇少女	漫畫
18	原創同人	原創作品

排名	原著作品名稱	原著文類
19	水星領航員	漫畫
19	魔法老師	漫畫
21	偶像大師	遊戲
21	愛殺寶貝	漫畫
23	萬花筒之星	動畫
24	新世紀福音戰士	動畫
25	黑色天使	動畫
26	小魔女 DoReMi	動畫
26	向陽素描	漫畫
26	紅線	遊戲
29	神奇寶貝	動畫
29	草莓狂熱	動畫
29	窮神	漫畫
32	AKB48 眞人同人	眞人偶像團體
32	神無月巫女	漫畫
32	超時空要塞 Frontier	動畫
35	Unlight	遊戲
35	想讓班上太完美的女生弱點曝露出來	網路故事
35	月姬	遊戲
35	青城	遊戲

35	食靈-零	動畫
35	笑園漫畫大王	漫畫
35	極上生徒會	動畫
35	零系列恐怖遊戲	遊戲
35	暮蟬悲鳴時系列	遊戲
35	獵魔戰記	漫畫
45	Candy ☆ Boy	動畫
45	Code Geass 反叛的魯路修	動畫
45	GIRL FRIENDS	漫畫
45	KURAU Phantom Memory	動畫
45	MADLAX	動畫
45	Sound Horizon（日本樂團）	流行音樂
45	Venus Versus Virus 除魔維納斯	漫畫
45	魔女獵人	動畫
45	婦~婦	漫畫
45	女子高中生 & 重戰車	動畫
45	北歐神話	神話
45	日常	漫畫
45	片羽	遊戲
45	名偵探柯南	漫畫
45	我的妹妹哪有這麼可愛！	輕小說

排名	原著作品名稱	原著文類
45	受讚頌者	遊戲
45	妹妹公主	動畫
45	非常辣妹	漫畫
45	草莓棉花糖	漫畫
45	最後的制服	漫畫
45	超元氣三姊妹	漫畫
45	會長與副會長	漫畫
45	境界線上的地平線	輕小說
45	緊扣的星星	動畫
45	與加瀨同學系列	漫畫
45	踩影子	遊戲
45	海貓悲鳴時系列	遊戲
45	暴君ハバネロ（辣味零食）	零食
45	戰錘 40000 桌上戰棋遊戲	遊戲
45	鋼之鍊金術師	漫畫
45	惠比壽小姐和布袋小姐	漫畫

附錄四　台灣百合漫畫出版目錄

一、尖端出版社「百合」書系出版目錄

尖端百合書系

中文書名	原書名	作者	日本出版社	台灣代理日期
最後的制服（01）	最後の制服1	袴田米良	芳文社	2006年10月
StrawberryPanic! 草莓狂熱（01）	ストロベリー・パニック！1	公野櫻子／巧奈夢智	メディアワークス	2007年1月
StrawberryPanic! 草莓狂熱（02）	ストロベリー・パニック！2	公野櫻子／巧奈夢智	メディアワークス	2007年3月
最後的制服（02）	最後の制服2	袴田米良	芳文社	2007年4月
最後的制服（03）	最後の制服3	袴田米良	芳文社	2007年6月
鈴鈴妹妹！（01）	スズナリ！1	石見翔子	芳文社	2008年5月
魔法雙拍檔（01）	マギーペール1	高木信孝	ワニブックス	2008年5月
GIRL FRIENDS（01）	GIRL FRIENDS 1	森永みるく	双葉社	2008年8月
魔法雙拍檔（02）	マギーペール2	高木信孝	ワニブックス	2009年6月
魔法雙拍檔（03）	マギーペール3	高木信孝	ワニブックス	2009年10月

尖端百合書系				
中文書名	原書名	作者	日本出版社	台灣代理日期
GIRL FRIENDS（02）	GIRL FRIENDS 2	森永みるく	双葉社	2009年10月
魔法雙拍檔（04）	マギーペール4	高木信孝	ワニブックス	2010年8月
GIRL FRIENDS（03）	GIRL FRIENDS 3	森永みるく	双葉社	2011年11月
GIRL FRIENDS（04）	GIRL FRIENDS 4	森永みるく	双葉社	2012年1月
GIRL FRIENDS（05）	GIRL FRIENDS 5	森永みるく	双葉社	2012年3月
初戀姊妹（01）	初恋姉妹1	東雲水生/駒尾眞子/ひびき玲音	一迅社	2012年4月
初戀姊妹（02）	初恋姉妹2	東雲水生/駒尾眞子/ひびき玲音	一迅社	2012年7月
初戀姊妹（03）	初恋姉妹3	東雲水生/駒尾眞子/ひびき玲音	一迅社	2012年10月

二、東立出版社「百合姬」書系出版目錄

東立百合姬書系

中文書名	原書名	作者	日本出版社	台灣代理日期
假如美夢能成真	この願いが叶うなら	袴田めら	一迅社	2010年11月
百合心中～貓目堂心譚	百合心中～猫目堂ココロ譚～	東雲水生	一迅社	2010年12月
深情連鎖	リンケージ	倉田嘘	一迅社	2010年12月
輕鬆百合（1）	ゆるゆり1	なもり	一迅社	2011年8月
美胸專家	パステティシャン	大島永遠	実業之日本社	2011年9月
幸運草	クローバー	乙ひより	一迅社	2011年10月
戀愛少女三次方	LOVE CUBIC	谷村まりか	一迅社	2011年10月
flower*flower 花戀花（1）	flower*flower 1	石見翔子	一迅社	2011年11月
聖少女養成班	オトメキカングレーテル	すどおかおる	一迅社	2011年11月
紅蓮紀	紅蓮紀	武若丸	一迅社	2011年11月

東立百合姬書系

中文書名	原書名	作者	日本出版社	台灣代理日期
輕鬆百合（2）	ゆるゆり2	なもり	一迅社	2011年11月
極上七彩糖球（1）	極上❤ドロップス（1）	三国ハヂメ	一迅社	2011年11月
熱情仙后座（1）	カシオペア・ドルチェ（1）	高木信孝	一迅社	2011年12月
Girlish Sweet 她的女友	Girlish Sweet アタシノ彼女	竹宮ジン	白泉社	2011年12月
輕鬆百合（3）	ゆるゆり3	なもり	一迅社	2012年1月
輕鬆百合（4）	ゆるゆり4	なもり	一迅社	2012年2月
共鳴的回音	共鳴するエコー	きぎたつみ	芳文社	2012年3月
輕鬆百合（5）	ゆるゆり5	なもり	一迅社	2012年4月
限定戀人	キミ恋リミット	百乃モト	一迅社	2012年5月
薔薇秘密 CLUB	Raubritter	再田ニカ	一迅社	2012年5月
輕鬆百合（6）	ゆるゆり6	なもり	一迅社	2012年5月
亮橘色的唇彩	くちびるに透けたオレンジ	ロクロイチ	一迅社	2012年6月

神哪，求求你！（1）	お願い神さま！（1）	守姫武士	芳文社	2012年6月
百合姊姊的妄想	ドリーム百合姉	あどべんちゃら	一迅社	2012年6月
輕鬆百合（7）	ゆるゆり7	なもり	一迅社	2012年6月
天空色女友	空色ガールフレンド	リカチ	一迅社	2012年7月
暗戀妳的秘密	ひみつ。	大朋めがね	芳文社	2012年7月
刀鋒邊緣的女孩	ナイフエッジガール	古街キッカ	一迅社	2012年7月
百合戀的歎息	フィダンツァートのためいき	田中琳	一迅社	2012年8月
初戀的構造	初恋テクトニクス	かもたま	一迅社	2012年9月
極上七彩糖球（2）	極上❤ドロップス（2）	三国ハヂメ	一迅社	2012年9月
熱帶少女	熱帯少女	吉富昭仁	一迅社	2012年9月
半熟女子（1）	半熟女子（1）	森島明子	一迅社	2012年9月
幸運不幸運！？（1）	ラッキー・ブレイク（1）	平つくね	芳文社	2012年9月
戀愛女子課（1）	レンアイ・女子課（1）	森島明子	一迅社	2012年9月
貧窮千金俏女僕	マイナスりてらしー	宮下未紀	一迅社	2012年9月
flower*flower 花戀花（2）	flower*flower 2	石見翔子	一迅社	2012年10月

東立百合姫書系

中文書名	原書名	作者	日本出版社	台灣代理日期
Sweet Peach 蜜桃甜心（1）	Sweet Peach! - スイートピー！-（1）	水野透子＋千手ちゆ	一迅社	2012年10月
熱情仙后座（2）	カシオペア・ドルチェ（2）	高木信孝	一迅社	2012年10月
HONEY 四重奏	ハニー★カルテット	所ケメコ	一迅社	2012年10月
甜蜜之罪與刺激之愛	sweet guilty love bites	天野しゅにんた	一迅社	2012年10月
再見！校園傳說	さよならフォークロア	かずまこを	一迅社	2012年11月
秘密協奏曲	コンチェルト	服部充	白泉社	2012年11月
獻給妳的無限生命（1）	むげんのみなもに（1）	高崎ゆうき	一迅社	2012年11月
最愛妳	だいすきっーひかるとさくらー	月石	少年画報社	2012年11月
半熟女子（2）	半熟女子（2）	森島明子	一迅社	2012年11月
想念的碎片（1）	想いの欠片（1）	竹宮ジン	白泉社	2012年11月
睡美人的眼淚	いばらの泪	リカチ	一迅社	2012年11月
公主戀愛	ヒメ・コイ	マシュー正木	一迅社	2012年12月
百合鐵～私立百合咲女子高校鐵道部～（1）	ゆりてつ～私立百合ヶ咲女子高鉄道部～（1）	松山せいじ	小学館	2012年12月

三、日本百合漫畫專門誌作品不列台灣百合漫畫專門書系列表

中文書名	原著書名	作者	日本出版社・百合專門誌	台灣代理出版社	台灣出版書系	台灣出版日期
草莓奶昔Sweet	ストロベリーシェイクSweet	林家志弦	一迅社《コミック百合姫》	長鴻	初戀橙Charm	2010年12月
voiceful 邂逅妳的歌聲	voiceful	ナヲコ	一迅社《コミック百合姫》	長鴻	初戀橙Charm	2010年12月
〔es〕～花開少女學園～（1）	es～エターナル・シスターズ～花咲く乙女の学園アンソロジー	合集	一迅社	長鴻	12戀愛學分	2005年12月
〔es〕～花開少女學園～（2）	es～エターナル・シスターズ乙女と乙女の恋するコミックアンソロジー（2）	合集	一迅社	長鴻	愛情紅Honey	2007年11月
春夏秋冬	春夏秋冬	影木榮貴／藏王大志	一迅社《コミック百合姫》	青文	LADY	2010年12月
派遣新嫁娘	くろよめ	かずといずみ	芳文社《つぼみ》	東立	少年系列	2011年10月

附錄五

少女啊，要胸懷百合！——台灣百合同人文化的初步觀察

楊双子（楊若慈、楊若暉）

二〇〇九年二月，我們首次以百合小說漫畫合同誌參與CWT（Comic World Taiwan）同人誌販售會，心想實際接觸的百合控都是女性，報攤自然是消費族群性別傾向的「女性向」。赴現場一看，本攤位周邊滿坑滿谷BL，百合全在「男性向」！

百合（yuri）泛指女性與女性之間的情誼，根據我們的研究，消費此類女女同性愛作品的華文圈百合迷群，同樣是以生理性別女性為主。然而，不僅同人誌販售會，包括商業出版社在內，百合的歸類迄今仍在男性向。

姑且將這個弔詭的現象作為本文的開端吧。

百合是複雜的，在文化原生地的日本以及接受文化傳播的華文圈，皆有各自的發展脈絡，百合、GL、女女、女同性戀等詞彙常見混淆，便指出百合文化內在的繁複成因。同人文化的組成也是複雜的，形式包含同人誌／創作、同人周邊、同人活動乃至COSPLAY，而同人誌作為

實體的文字（小說）／圖像（漫畫、插畫）文本，也具有原創與二創（延伸自其他原創作品的衍生創作）的兩大類別。

上述所及無法全數詳盡，有限的篇幅當中，本文提供一個在學術上可以說是起步不久的百合同人文化觀察，而這個觀察毋寧是繫於單純的好奇心：要到什麼時候才會出現台灣的、本土的、原創的，屬於我們自己的在地化百合類型作品？

同人文化作為百合發展的重要推力

一九九〇年代的台灣ＡＣＧ界並沒有正式可循的百合文化脈絡，要直到二〇〇四年中國網路論壇「百合會論壇」成立，並成爲華文圈百合資源集散地，以盜版形式譯介日本的百合相關作品，台灣才在同一時期借由網際網路的跨國傳播而很快地擁抱了百合文化——有多快呢？二〇〇六年十月，尖端出版社便推出了台灣第一個日漫百合專門書系「百合」。

百合文化率先進入台灣的出版市場，而非其他同樣接受網路傳播的華文地區，肇因台灣漫畫出版業對日本ＡＣＧ次文化接收速度最快，不過必須指出的是，百合文化在台灣的異地根植，並非完全仰賴台灣漫畫出版產業的主動引介，更來自百合迷群的衆人之力——透過網路與論、出版業者官方管道互動等方式，介入並左右台灣漫畫產業的選譯出版方向，這些行動在在呈現台灣百合核心迷群的能動性——事實上，這等於是一股來自同人文化的推力。

具體來說，青文出版社出版百合經典小說《瑪莉亞的凝望》的翻譯爭議，即充分展現百合迷群對出版業界的實際影響。《瑪莉亞的凝望》作爲經典，青文正式代理的小說中譯本出版之前，無版權的小說、漫畫、動畫中譯版本早已流通於「百合會論壇」，因而核心迷群熟知諸多細節。[1]二〇〇八年六月，青文出版《瑪莉亞的凝望 vol.8 愛戀的歲月後篇》的翻譯失誤遭到迷群同聲抗議，促使青文當年八月推出續作之際必須同時公告更正說明，並將修正後的譯文以貼紙方式隨書贈送，以消衆怒。隨後因翻譯爭議頻仍，青文二〇〇九年初公開徵選專屬校潤者，以期兼顧迷群意見。這個例子可見一斑。

有趣的是，以此爲契機，當初於百合會論壇進行無版權小說翻譯的會員「巴黎街頭藝人」，因緣際會成爲青文中譯本的專屬譯者，以本名「董芃好」自二〇〇九年十二月翻譯迄今（最新一冊爲二〇一五年二月出版的《瑪莉亞的凝望 vol.35 我的巢》）。這件事是後話，但或許也可視爲同人文化外一章。

當然同人文化的關鍵環節更不可忽略，也就是同人誌/創作。

以百合爲主題的同人創作很早就在網路上流通，主要分布在論壇及個人部落格，第一篇網路百合同人創作無從考據，不過我們訪問華文百合同人界具高知名度的台灣作家「廢死」

（faith），得知她在一九九七年即以《美少女戰士》的角色天王遙與海王滿進行百合同人小說創作，發表於專門討論《美少女戰士》此一百合配對的動漫網站。作爲可考的案例，可以得知百合同人創作的網路發展只會更早於此。

百合會論壇成立後，華文圈百合同人創作泰半受到磁吸，無論文字、圖像，原創或二創的同人作品，即使發表在個人的網路空間，也經常同時披露於此——以我們自身爲例，包括小說及漫畫創作，評論文章也是以百合會論壇爲起點，成爲日後集結出版同人誌或專書的部分材料[2]——其中，相當活絡的百合會論壇子版塊「文學區」，至今發表作品遠逾萬篇，儘管出版爲同人誌的比例極低，卻不可忽視許多華文圈百合同人作家出身於此、累積口碑於此的事實。

某種層面來說，百合會論壇堪稱是個仰賴同人文化而得以自我充盈的百合生態體系，而同

1 青文出版社翻譯出版今野緒雪原作小說《瑪莉亞的凝望》，其第一集的譯作與原作相隔九年。我們未曾訪問調查青文做出這個商業決策的關鍵理由，無法斷言百合會論壇及百合迷群對這個決策的影響力為何，但在部分百合迷群的認知中，其關連性不言而喻。

2 我們以淺色貓、半成品為筆名組成「貓品」社團，曾出版五本百合同人誌，數度參與同人誌販售會，半成品更以本名楊若暉數度發表百合文化的學術研究成果。

樣的，百合文化這個生態體系也是在此滋養蓬勃。這裡大量譯介商業/同人以及原創/二創的日本百合作品，並發展原創/二創的華文同人作品。百合會論壇也樂於為華文同人作品提供友善的廣告空間，譬如每年台灣大型同人誌販售會前夕，子版塊「海域」（前身名稱為「灌水區」）便湧入許多宣傳貼文；如今在FF（Fancy Frontier，開拓動漫祭）同人誌販售會固定出攤的百合同人誌連合攤位（簡稱「百合連攤」），總是在FF活動前夕公告連攤訊息，並有百合會論壇子版塊版主予以標題加亮、加粗一類的醒目標識。可以這麼說，這裡催生消費者，也催生生產者，宛如一條銜尾蛇。

同人誌販售會的百合群像

所謂的「同人創作」相對廣泛，出版為實體刊物的同人誌及相關販售活動，也許更適切用於觀察百合文化的異地根植。畢竟，從百合文化的原生地日本到接受地台灣，這些跨洋而在地生產的百合同人誌創作，正是異地吸收外來文化，並且孵育新文化及新社群的實證。

CWT及FF是台灣的兩大同人誌販售會，核心迷群之間有一個觀點是BL更集中在CWT，而百合偏好FF。據此，我們曾針對二〇一一年的FF18同人誌販售會進行社團性質的分布調查，FF18活動第一天的擺攤社團總數為七百七十四個，創作作品中帶有百合性質的社團共計四十五個，比例爲5.8％。對照另一個數據，ＦＦ18第一天活動中販售COSPLAY相關商品的十八個社團僅占2.3％，可知百合能量看似弱小，仍然存在一定的發展規模，特別是在小眾化消費時代，這個比例實不容輕視。[3]

前文提到的「百合連攤」也以ＦＦ而非ＣＷＴ爲主力戰場。依照百合連攤總召春捲的自述，最初只是兩、三攤，隨後日漸茁壯，直到在ＦＦ擁有專屬的百合花園[4]。春捲在此所稱的「百合花園」，即爲ＦＦ主辦單位因應百合社團的常見困擾（百合歸在「男性向」!?），二〇一五年起在「社團主題」增加「百合系」的選項。如此一來，儘管還稱不上攻城掠地，大型同人誌販售會如ＦＦ確實出現了一塊百合營壘。

那麼，ONLY場同人誌販售會狀況又如何呢？

台灣「百合ONLY」同人誌販售會（簡稱百翁）迄今兩屆，分別在二〇一四年三月、

3 基於ＦＦ同人誌販售會通常第一天的活動量高於第二天，相對具有參照性，因此我們在此僅引用ＦＦ18第一天的活動數據為例。

4 參見《莉莉安可百合誌》官方網站，「關於刊物」（來源：http://slam0615.wix.com/yurimagazine#!about/c1eq9），網頁瀏覽日期：2015.12.20。

二〇一五年七月舉辦，擺攤社團第一屆一百零四個，第二屆一百零九個，購票入場的迷群中不乏來自華文圈其他地區的香港、中國百合控。在表面的參與攤位及迷群數量以外，台灣百翁在百合會論壇點燃的熱度，也應該著眼它如何連帶牽動華文圈其他地區舉辦百合 ONLY 場，譬如二〇一四年七月的香港百翁，十月的廣州百翁，以及隔年七月的成都百翁，突顯百合文化確實積累一股不容小覷的消費能量。

當然，論號召力、攤位數量，華文圈百合 ONLY 場同人誌販售會目前仍以台灣馬首是瞻。觀察百合會論壇上的百翁相關發文帖，兩屆台灣百翁通常直稱「百合 ONLY」、「百合 ONLY2」而未標出地名，其他地區則須標出地名，簡稱上也有同樣的情況，台灣多稱以「百翁」，其他如舉辦於廣東、四川的活動，則相對頻繁地出現「廣百」、「成百」等說法。究其原因，還是因為百合文化在華文圈裡以台灣的土著化最深。

如此下一個問題便來了，為什麼說土著化（going native）而非在地化（localization）？那是因為台灣雖有日漫百合專門書系，有為數不少的同人誌創作，以及尚稱活躍的同人活動，卻缺乏在商業市場裡強而有力的台灣本土原創百合類型作品。現階段尚可視作一隻腳踩進這個概念裡的，是號稱「台灣第一本原創百合刊物」的百合雜誌《莉莉安可》。然而《莉莉安可》創刊號在ＦＦ25（二〇一五年一月）出刊，第二期首賣於ＦＦ26（二〇一五年八月），時間相距半年餘，而迄今（二〇一六年七月），官網尚未披露第三期出版訊息，顯然存在留待觀察的空間。

在此之外，《莉莉安可》的總編輯同樣是春捲，作者組成亦有不少是百合連攤的熟面孔，似乎顯示實踐與推動台灣百合文化的核心迷群多爲雷同的陣容。這一點目前無須評斷優劣，我們深感興趣的是，這樣的現狀又將如何影響百合商業與同人文化的未來發展？

小結：所以我說那個百合呢？

ＡＣＧ次文化的商業與同人之間，存在一種互相拉抬聲勢的關係。小衆的迷群若擁有強大而豐沛的消費能量，也可能因而推動同人創作以「晉身」爲商業市場的類型出版品。在日本，ＢＬ與百合都有相似的軌道；台灣ＢＬ文化的發展也是如此：一九九〇年代中後期，同人誌販售會裡的ＢＬ同人創作以及商業出版社進口的日本ＢＬ漫畫，姊妹同心其力斷金，千禧年之際終於促成一個台灣大衆文學子類型：台灣ＢＬ言情小說。

那麼百合呢？

來看看這個消息：作爲當前台灣百合同人文化具有一定分量的活動，台灣百合 ONLY 同人誌販售會的官方組織先以「新型態百合交流會」之名著手進行參與意願調查，傳出第三屆將延後至二〇一七年春季辦理的訊息。另一方面，名爲「Comic Horizon1.5—いつか一緒に輝いて—」的

「百合向（女性角色）ONLY同人誌展售會」橫空出世，活動日期訂在二〇一六年十月，主辦單位是承辦同人誌販售會已有名聲的「GJ工作室：吉桔整合行銷有限公司」，募集一百八十個擺攤社團。

據知，兩個同人誌販售會的內部主要成員有所重疊。內部更迭與決策如何，我們不予評斷，但更加制度化與規模化的百合ONLY場的出現，以及「新型態百合交流會」活動可能的落實，會爲（包含同人文化在內的）台灣百合文化帶來什麼樣的變化，或者說呈現什麼樣的變化，將是我們的下一個觀察點。

——要到什麼時候才會出現台灣的、本土的、原創的，屬於我們自己的在地化百合作品？這是開啟本文的小小疑問。

這裡所謂的台灣本土原創百合作品，當然指向非同人誌的商業出版品／商業誌，因此這個問題的核心毋寧更是，什麼時候才會出現屬於台灣本土原創的百合類型作品？

換句話說，我們並非期盼個別星火閃現的百合作品，而是在不分體裁，如動畫、漫畫、遊戲、小說等諸多百合作品的現身匯流以後，一個火光不再輕易熄滅的大眾文化類型。而我們深信這個文類的形成，正與同人文化有密切的關聯。

本文聚焦在百合同人文化的近年發展概況，不便分散以文本分析法討論現有的百合同人誌創作，但其中展現的性別主體與在地文化關懷，已然顯示部分百合創作者的強烈自覺及野心，確實可能帶來從同人誌走向商業誌的內在能量。ＦＦ同人誌販售會出現百合系選項，也意味著百合文化／迷群的面貌逐漸清晰。因而此時我們所能做的，或許僅是秉持威廉．史密斯．克拉克博士的精神，呼籲台灣的百合迷群夙夜匪懈投入大業。

——少女啊，要胸懷百合！（Girls, be YURI!）

＊本文原收錄於《動漫社會學：本本的誕生》（奇異果文創，2016）

初稿撰寫於二〇一六年七月，修訂部分內容於二〇二三年二月

附錄六

百合是趨勢：立足二〇二〇年的台灣百合文化回顧與遠望

楊双子（楊若慈、楊若暉）

「百合」（yuri），意指女性與女性之間的同性情誼。百合作爲一種文類，即指描繪女性同性情誼的作品。千禧年代，百合迷文化眞正發展成型，使得百合文化逐漸在動漫圈爲人所知，就此而言，「百合」一詞是新世紀以來才在華文動漫圈出現的年輕詞彙。

對一般大衆來說，上述說明已足夠提供百合文化的基礎認識，不過對於迷群而言，百合的定義辯證，至今仍是現在進行式——這不僅展現了百合文化仍然處於歸納定義的成長期，也意味著未來的發展具有無限可能。本文將以百合文化傳播過程裡的幾個主要現象，扼要爬梳一條可供辨識的路徑與軌跡，並藉此描摹可能的遠景。

原生於日本的百合文化：一九二〇年代——

百合一詞的語源，來自日本一九七〇年代的男同性戀雜誌《薔薇族》提供給女同性戀者的專欄「百合族的房間」。彼時的「薔薇」與「百合」，成爲男同性戀與女同性戀的隱語。

至於符合今日所稱「百合」內涵的文化系譜，則應遠溯至大正、昭和時代的少女小說，少女小說奠定者吉屋信子一九二四年的短篇小說集《花物語》即爲代表作。這類作品因多著墨女學生之間的姊妹情誼，也以sister的首文字S來命名爲「S小說」，後世研究者咸認爲是百合小說的濫觴。

百合文化的另一個脈絡是一九七〇年代的少女漫畫。日本漫畫史上知名的「花之二十四年組」不但催生「少年愛」漫畫，「少女愛」漫畫的起源亦可見其蹤影，比如池田理代子《青蘭圓舞曲》就是其一。

直到一九九〇年代，小說家今野緒雪《瑪莉亞的凝望》無意識繼承S小說的文化血脈，以及武內直子《美少女戰士》意外地接續一線隔房的香火，促成少女小說與少女漫畫匯流，百合詞彙的內涵向外擴充，二〇〇三年日本第一本百合漫畫專門誌《百合姐妹》問世，使「百合」作爲動漫畫次文化的一支邁入了新的里程碑。

華文圈的百合文化接力：二〇〇〇年代——

對華文百合界來說，二〇〇四年是百合元年。這一年，架設於中國的網路論壇「百合會論壇」創立。前身爲《瑪莉亞的凝望》動畫的討論社群「山百合會」，百合會論壇成立後作爲第一個、也是最大的華文百合界資源集散地，自然拉抬起《瑪莉亞的凝望》在華文百合界的聲望，促成這部作品從日本的「名作」地位，登上「經典」的寶座。

百合會論壇持續討論分享二〇〇四年以降的百合創作，以及此前具有百合文化元素的大眾作品，將《美少女戰士》、《少女革命》等名作納入百合血脈系譜，並直接影響了華文百合界初期對「百合」的認知：ACG世界（動畫、漫畫、遊戲共構的二次元世界）內友情、親情範疇「友達以上、戀人未滿」的女性同性情誼。而早於「百合」這個詞彙出現於ACG世界的「GL」（Girls' Love）一詞，則被闡釋爲對照現實世界的女同性戀關係，指向具有愛慾性質的女性同性情誼。

「百合」、「GL」、「女同性戀」三個詞彙，在華文百合界發展之始就存在著複雜交集，令百合的定義充滿歧異性與多義性，但隨著時間前進，「百合」的內涵確實不斷外擴。千禧年後，百合作品，以及具有百合元素的暢銷動漫畫如《K-ON！輕音部》、《天才麻將少女》、《強襲魔女》等輪番上陣，這股風潮也令非百合迷群領會：「原來這就是百合！」更從而追憶起千禧年前，CLAMP《庫洛魔法使》裡知世對小櫻的百般呵護，並將這份情感同樣視作百合。

發展至今日，華文圈的「百合」一詞已經涵蓋二次元世界所有女性之間的親情、友情、愛情、情慾關係。更因大眾文化向外流動的特性，「百合」從動漫畫領域進入一般口語，亦有人將

「百合」用以指稱現實中的女同性戀關係了。

台灣本土百合文化的研究：二〇一〇年代——

爬梳台灣百合文化發展史，百合迷文化研究者楊若暉二〇一二年首創發表「象限式百合定義圖釋」，本文援引並調整詞彙，將「寫實」與「非寫實」置於Y軸兩端，「精神性」與「肉體性」置於X軸兩端，用以闡釋華文百合界的廣義百合包括「女同性戀」、「女性間的友誼」、「狹義百合」、「GL」。

而在此根據象限式百合定義，舉例說明：

▨第一象限：《一輩子守著妳》、《Collectors戀物女》

《一輩子守著妳》描寫明星女校同學的戀情不受社會容許，終至殉情的悲戀故事。《Collectors戀物女》以熱愛藏書與崇拜時尚的女同性戀人，描寫伴侶關係間逗趣又深刻的磨合細節。

▨第二象限：《我和嫂嫂的同居生活。》、《異國日記》

《我和嫂嫂的同居生活。》描寫一對姑嫂在失去哥哥／丈夫之後的同居生活，無獨有偶《異國日記》則是阿姨與喪親外甥女因緣際會共處屋簷之下，在學習成爲彼此家人的過程中逐漸親密，著墨非關愛情的同性情誼。

▨第三象限：《瑪莉亞的凝望》、《新手姊妹的雙人餐桌》

《瑪莉亞的凝望》描寫私立女校前後輩之間充滿少女情懷的泛伴侶關係，作爲百合作品初期的經典，奠定「狹義百合」的樣貌。

《新手姊妹的雙人餐桌》則描繪無血緣關係的姊妹以餐桌爲中心的日常生活，旁及她們與各自朋友的交往，描寫非單一對象的摯友關係，也未上升至戀愛關係，是適合入門的百合作品。

▨第四象限：《半熟女子》、《乙女帝國》

兩部作品皆爲限制級，既有明確的同性戀情慾描繪，也有單純對同性肉體的好奇探索。且都正視女性對女性身體、親密關係、性愛的摸索需求。

▨橫跨第三與第四象限：《粉紅緞帶》、《終將成爲妳》

《粉紅緞帶》以熱愛蘿莉塔時尚的少女與嬌小少女爲主角，發展現代校園的清純戀情，展現百合無意識遊走兩個象限之間的特色。

相對而言，《終將成爲妳》則以「無法對人產生悸動」的學妹與「不讓他人喜歡上自己」的學姊，迴避了表面上現實感強烈的同性戀關係，但兩人在帶有情慾的接觸中進展親密關係，可說是巧妙設計的百合作品。

隨著時代發展，未來的百合作品將越來越難被單一象限定義，而是可以橫跨遊走於多重象限之間。

台灣百合文化趨勢的關鍵：核心迷群

百合文化成形與未來發展的關鍵，乃是迷群。世人的刻板印象中，百合迷群經常被認爲多是異性戀男性，尤其男性向女女A片的存在，更容易令人產生相關聯想。不過，根據楊若暉二〇一一年、二〇一四年兩次學術性質的問卷調查，結果顯示：「認同自己是百合控」（指百合愛好者）、「百合同人創作者」以及「百合作品的消費者」，皆壓倒性地以女性爲主。二〇一四年的調查當中，「自認是百合控」的女性比例甚至懸殊到是男性的十三倍。

百合文化的起始，是少女小說與少女漫畫攜手成就的大衆文化，就邏輯來說這個結果相當合理。但這個問卷結果出爐，仍令部分迷群驚訝於男女比例懸殊。

這驚訝不只是刻板印象作祟，更肇因於百合會論壇的默契：論壇禁止談論現實中的女同性戀。論壇早期很少公開討論迷群性別，是爲了避免呈現「女性愛好女性情誼作品」所隱含的女同性戀訊息。但迷群又因地下文化的特性取得另一個默契：百合會論壇成員以女性爲主。

此默契不僅長期掩蓋了百合同好者的「性別」，亦掩蓋了百合同好者的「性傾向」。筆者透過以學術基礎進行的長期觀察與交流，可推測女性迷群內部的同性戀與雙性戀爲數甚多，因而早年「性傾向調查」即使開帖討論，也勢必迅速絕跡於論壇。不過這個以百合會論壇爲中心的默契正在鬆動，如今論壇已經可見女同性戀主題的討論帖子，佐證百合文化內涵的向外擴充。

與此同時，男性百合同好者也開始浮出檯面。這些男性百合同好者，自稱／指稱爲「百合男子」，存在內部文化的複雜性，日本男性百合漫畫家倉田嘘以《百合男子》描繪百合男子群像與生態。而華文圈百合會論壇則因文化默契使然，早年男性百合迷群的「現身」一度困難，不過二〇二〇年的百合男子則落落大方，群聚百合同人誌販售會、創立同好社團。

另一方面，跨文類的迷群亦値得留意。比如同時熱衷ＢＬ與百合的讀者，如山下知子、中村明日美子等跨文類漫畫家的粉絲讀者，都透露跨文類讀者與創作者的存在，很可能爲百合文化注入基因變異的新血。

百合文化在台灣：二〇二〇年代——

台灣現實社會在性別議題上大步前進，二〇一九年成爲亞洲第一個通過同性婚姻專法的國家。因著整體社會情境與政治條件，對台灣百合迷群來說，百合文化的內涵更加具備彈性，既可開拓女同性戀/情慾，亦允固守基本教義派。台灣百合創作者所意圖處理的議題，也從而有別於同爲華文圈的中國，乃至於百合文化原生地的日本。

同年第十屆金漫獎，由漫畫家星期一回收日以《粉紅緞帶》奪下「少女漫畫獎」與「年度漫畫大獎」。漫畫家的創作意識，與其赴法國安古蘭漫畫節進行的主題對談，皆明確指出該作是「百合漫畫」，而漫畫內容也自在展演台灣獨有的在地文化景觀。毫無疑問，這是百合元年以降第一部獲得國家級獎項的百合漫畫，立起台灣百合文化發展史上的一座里程碑。

綜觀當今迷群的積極現身交流及創作者的增加，可推知台灣百合文化的未來趨勢將緊扣在地元素與性別意識，如HOM鴻《大城小事》回應同婚時事描繪多元成家的情節，引起百合迷群關注並廣爲分享；近年舉辦的「百合only同人誌販售會」，多以非寫實路線、二次衍生創作爲主流商品，依然可見攤位擺設性別友善小物進行政治倡議，在在顯示百合文化正步步走向更貼近台灣讀者日常見聞的本土路線，以及已然落地生根的跡象。就此而言，倘若出版產業願意發揮東風之力，台灣百合文化的茁壯可說是指日可待。

文化現象觀察書單

▨眞實社會事件的回應之作：沈蓮芳《一輩子守著妳》（全二冊）

《一輩子守著妳》（東立，1997-1998）以「一九九四年北一女中學生自殺事件」爲藍本，於一九九七年出版時，「百合」一詞尚未進入台灣ACG界，時人多稱呼爲「女女」、「女同」漫畫，理論上多援引ACG界已存在的BL（Boys' Love）漫畫，對照式地稱呼爲GL漫畫。此作回應眞實社會事件，雖然並未與百合元年以後的台灣百合作品形成繼承關係，然而其對性別議題的回應姿態，與日後台灣百合漫畫的時事敏銳度遙遙呼應。

▨台灣百合文化學術研究的誕生：楊若暉《少女之愛》

楊若暉碩士論文〈台灣ACG界百合迷文化發展史研究（1992-2011）〉爲亞洲百合文化學術研究的先驅作品，補增改寫後以《少女之愛：台灣動漫畫領域中的百合文化》（獨立作家，2015）之名再版。呈現出台灣本土原創百合作品尚未生根，反從學術領域萌芽，流露台灣ACG產業積弱、性別議題路線茁壯的獨有特色，也扣合台灣百合文化論述與創作並行的發展路徑。然而此研究隨研究者病逝而劃下休止符，後續的文化研究正留待新世代接力深耕。

▨運用百合萌要素的台灣輕小說：《前進吧！！高捷少女》系列作品

由高雄捷運公司與希萌創意聯手打造的高雄捷運虛擬代言人「高捷少女」，皆爲萌系美少女角色，經由輕小說作家如啞鳴、陽炎、D51 等人接力推出系列輕小說《前進吧！！高捷少女》（尖端，2015-2021）。雖在商業市場有所斬獲，看似爲百合在地化的一筆濃墨，然而作爲公股企業合作開發案，此系列作品從未自言爲百合輕小說，不如說是視百合爲萌要素。以百合迷群討論度來看，這顆擦邊球似乎也未能眞正投入好球帶。

▨台灣原創百合輕小說的初啼：楊双子《撈月之人》

《撈月之人》（奇異果文創，2016）自我標榜爲「台灣第一部本土原創百合小說」，是以輕小說文類的敘事特徵與行文風格，結合台灣民俗元素主題而成的奇幻故事，有意識地在百合作品中鎔鑄台灣地方感。唯獨作爲原創百合輕小說的實驗之作，未能引發後續效應，只能視作文化發展歷程中的一筆紀錄。

▨台灣百合漫畫的落地生根：星期一回收日《粉紅緞帶》、D.S.《百花百色》、星期一回收日&楊双子《綺譚花物語》

《粉紅緞帶》（東立，2018）以輕鬆小品之姿，將一則酸甜的校園愛情故事開展出唯有台灣得以成立的百合作品；而《百花百色》（蓋亞，2019）著墨重男輕女與性別認同等社會議題，亦可歸類爲廣義百合作品；至《綺譚花物語》（東販，2020）則將時間點拉回日本時代，結合奇幻元素述說樣態各異的少女情誼。儘管出版品仍爲數不多，卻已經顯露百合文化在台灣落地生根的跡象。

▨他國的百合：壇九《SQ：從你的名字開始》、biwan & seri《她的沈清：丞相夫人與她的秘戀》

百合文化傳播到亞洲各國，尤以中國、韓國發展較爲突出。中國的《SQ》（2014，於中國社交平台微博連載）與韓國的《她的沈清》（2017，於韓國網路漫畫平台 JusToon 連載），都是由網路漫畫起家。在性別權力位階相對失衡、對同性戀關係並不友善的國度，中韓二國的百合作品都在網路平台尋得突圍契機，並以空間（校園）與時間（歷史）爲槓桿，與當代現實社會保有若卽若離的關聯。他山之石，可供管窺各國百合文化發展的侷限與強項。

＊本文原收錄於《CCC 創作集 Vol.24：百合花開時》（蓋亞，2020 年 4 月）
初稿撰寫於二〇二〇年三月，修訂部分內容於二〇二三年二月

附錄七

叛逆的百年物語——「百合」、「S關係」與「女同性戀」

郭如梅

一、

「百合（Yuri）」類型原生自日本，近二十年與日本動畫、漫畫、輕小說等御宅文化緊密相連。百合的發展脈絡，透過輕小說《瑪莉亞的凝望》（1998-2012）系列（以下簡稱《瑪凝》），與《瑪凝》的出版書系 Cobalt 文庫，連結上明治時期開始發展的日本「少女小說」文類與戰前女學校文化「S關係」。

百合因此擁有橫跨百年的厚重歷史脈絡，受視爲繼承少女小說精神的類型，並帶有清純少女、純潔情誼等類型想像。然而，「少女」、「純潔」、「精神愛」等關鍵字，又不符合部分熱門百合作品，如《青之花》（漫畫、動畫：2005-2013）、《少女派別》（漫畫、動畫：2003-2008）等作品內容。在關於百合定義的網路討論串中，不時有網友提出少女小說的女女「友愛」或「S關係」文化，或是少女小說作家吉屋信子的女同性戀身分，嘗試從源頭推論百合的類型樣貌，卻導致討論更加混亂。究竟「少女小說」爲何，對「百合」有哪些影響？「S關係」又是什麼？是青春期少女的友情，還是不受認可的女性同性戀情？「百合」類型又是否因爲少女小說傳統，因此包含或不包含女同性戀元素？

二、

少女小說類型最初的創作目標，爲教育女學生成爲「賢妻良母」。直到吉屋信子開始連載《花物語》（1920），少女小說才脫離純粹的說教讀物，成爲女學生的娛樂小說。當時的女學生雖然憧憬自由戀愛，然而受限明治時期法律，規定婚姻需要父母許可，年輕男性角色難以在少女小說中登場並與女主角相戀。爲了滿足少女讀者的期待，又不牴觸家父長制與強制異性戀的社會規範，少女小說因此以少女之間的親密關係來替代異性戀愛。這個一對一的女性親密關係，讓少女小說被稱爲「友愛」物語。因此少女小說雖然描繪青春期女性的友情或是同性愛情，但也是異性戀愛的替代品。

一般認爲，百合類型繼承了少女小說的「友愛」特徵。具體例子如《瑪凝》當中高年級生與低年級生締結的「姊妹（sœur）」關係，與川端康城《少女的港灣》的「S（エス）」關係幾乎相同。S關係的「S」，爲「sister」第一個字母，也是當時女學生間實際流行的女性一對一親密關係。S關係的運作模式，由高年級生扮演男性方，挑選個人喜好的低年級生，並負責領導親密關係的進展。低年級生則扮演女性方，等待高年級生挑選，並以「自己被選中」爲傲。因此，友愛、S關係、或是《瑪凝》的姊妹關係，實際上都複製了男尊女卑的性別位階，並將女女親密關係收編回父權家庭框架內。

面對限制，少女小說作家也有各種挑戰性別框架的創作。例如吉屋信子的《閣樓裡的兩少女》（1920）、《回不去的日子》（1927）等少數小說作品，都明確描寫帶有情慾的女性同性戀愛關係。雜誌連載作品中，也曾出現以少女爲主角的冒險小說。然而這些創作即使受到讀者熱烈歡迎，也在男性掌握編輯權力下，因爲違反「賢妻良母」的想像，消失在類型發展史當中。

爲了不違反社會期待，少女小說因此大多遵循著同樣的公式：少女隻身外出，與美麗的女性建立親密關係，但旋即被迫分離。這套情節發展公式，顯示少女小說的作者與女性讀者，比起看到故事主角們的感情修成正果，更偏好離別帶來的悲劇浪漫色彩。短暫且必定結束的女性親密關係，不影響少女婚後成爲賢妻良母，也因此受到雜誌編輯與社會的默許。

此外，雖然現在代表少女小說的吉屋信子與其作品，爲少女寫給少女的類型文學創作，但加藤武雄《你是否知道那南國（君よ知るや南の国）》（1925）、菊池寬《心之王冠（心の王冠）》（1938-1939）等男性作家創作的少女成長物語也在當時受到熱烈歡迎。另一方面，男性讀者雖然並非目標客群，但也能透過少女小說，觀賞在沒有男性的世界中渴望被男人喜愛的少女，消費少女清純的性魅力。

也因此，少女小說不論在創作者、編輯、讀者各方面，都無法擺脫男性的凝視與管控。少女小說一方面是當時女性對社會體制的情緒出口，但同時，少女小說也鞏固了父權結構與強制異性戀的性別規範。

三、

現今我們熟悉的百合類型樣貌，源頭雖然可上溯至明治時期的少女小說，然而，實際起點應該爲二〇〇四年《瑪莉亞的凝望》動畫（2004-2009）所引領的熱潮，以及漫畫雜誌《百合姊妹》（2003-2004）、《漫畫百合姬》（2005-）的創刊所共同確立而成。

《瑪凝》運用的元素和設定，例如「少女」、「學生」、必定會在短暫三年內分離的「校園」時空、「天主教會」學校，再加上貫穿全系列的「姊妹（soeur）」關係，通通恰好與少女小說類型公式相符。由於《瑪凝》在日本不分男女的高人氣，《瑪凝》因此成爲百合類型的美學典範。百合類型也透過《瑪凝》小說原作，與少女小說的百年發展歷史連結。同時，少女小說的類型樣貌，也影響創作者、讀者對百合類型的想像，導致百合類型被認爲是「排斥性慾」、追求「精神戀愛」，「朋友以上、戀人未滿」，而且二位女主角的外型設定，必須符合社會期待的陰柔女性外貌。

評論者們過於注重「百合—《瑪凝》系列—少女小說」這條脈絡，以及《輕鬆百合》（2008-）成爲二〇一〇年代的類型代表作品，更加強化百合的清純想像，都導致《美少女戰士》（漫畫、動畫：1992-1997）角色天王遙的陽剛女性形象，《少女派別》激烈的女性同性性行爲描寫，《青之花》女性對性傾向認同與性慾的掙扎，還有其他眾多描繪各種女性情誼的百合作品，都被當成特例、擦邊球、非主流等收納在邊緣。百合類型典範與實際作品表現狀況的不同步，自然造成百合定義不論台日，至今依舊混淆不清。

四、

如果百合原本就包含「女同性戀」和女性同性性行爲等表現，只是因爲《瑪凝》和少女小說作爲類型典範，導致這些元素遭受壓抑和邊緣化。那麼，百合作品是否等同女同性戀作品？女同性戀作品是否可以稱爲百合作品？

對照台灣需爭論「百合」類型與「女同志／女同性戀」作品群的異同，「百合」、「S關係」、「女同性戀」三個詞彙之間的關係在日本更顯錯綜複雜。百合類型承襲了三條主要發展脈絡：前述的戰前少女小說系譜、戰後少女漫畫系譜、與作爲女同性戀隱語的「百合族」。

首先，「百合族」一詞源自一九七〇年代男同性戀雜誌《薔薇族》，並作爲女同性戀隱語登場。「百合族」與「百合」因此成爲女性同性愛慾的代名詞，並受廣泛運用。例如《制服百合族》（1983）等以成年男性爲目標觀衆的色情影片，或是ＢＬ雜誌《ALLAN》的投稿欄「百合通信」，都將「百合」一詞等同女同性戀愛慾。

另一方面，《瑪凝》和雜誌《百合姊妹》、《漫畫百合姬》共同確立的二〇〇〇年代百合類型作品相貌，卻主要繼承了戰前少女小說描寫的「Ｓ關係」，以及《凡爾賽玫瑰》（1972-1973）、《櫻之園》（1985-1986）等戰後少女漫畫描繪的女女親密關係。而戰前少女小說跟戰後少女漫畫在描繪女性同性親密關係時，爲了不抵觸父權制度，採取相似的創作策略，例如將女女親密關係包裝成「姊妹」等家庭關係，給予主角們離別、死亡等破滅結局。戰後少女漫畫也常爲少女雙方安排男性伴侶，極力避免女女親密關係遭解讀成女同性戀。

上述三條不同的脈絡，匯流成爲我們現今認識的百合類型。隨著百合類型逐步發展，在虛構作品上「百合」完全吸收「ＧＬ（Girls' Love）」類型一詞，在社會層面上也從隱語轉正、逐漸取代「女同性戀」詞彙。例如牧村朝子的《百合的眞實（百合のリアル）》（2013）爲ＬＧＢＴ的入門介紹書，標題卻使用「百合」一詞，而非更加正式的「女同性戀（レズビアン）」。而牧村朝子的出櫃女同性戀身分，書腰宣傳標語「生爲女人愛女人」，以及書封摺頁的敍述：【百合】意指女性同性戀愛，上述行銷手法都積極將「百合」與「女同性戀」劃上等號。對照之下，台灣出版社將此書標題翻譯爲「我從沒計畫成爲一個同志」。在跨國翻譯的詞彙選擇上，日本選擇了源自次文化的「百合」，台灣選擇了從文藝領域確立的「同志」一詞，也具體呈現台日在創作背景與閱聽環境上的不同。

日本雖然有優秀的LGBT作品，但不像台灣在不同時期、不同領域，都有豐沛的創作能量，足以形成大衆也略知一二的「同志文學史」或「女同志文學」等明確傳統。對比之下，近二十年間的百合類型皆有受到大衆關注的作品，例如：《魔法少女奈葉》系列（動畫、電影：2004-2018），《K-ON！輕音部》（動畫、電影：2011-2019），《魔法少女小圓》系列（動畫、電影：2011-2013），《終將成爲妳》系列（漫畫、動畫：2015-2019），《機動戰士GUNDAM水星的魔女》（動畫：2022-）。這些國民級的人氣作品，不但帶動百合在日本的消費與創作熱潮，也擁有各種性別與性傾向的閱聽者，連帶促成「百合男子」的現身。也因此，百合常被性別研究者解釋成「讀者逃離既有性別框架的出口」，或是揹負著「鬆動父權結構」等期待。

然而，同樣的期待放到台灣來看，便產生違和感。台灣既有明確的「女同志文學」傳統，批判既有性別框架的力道也相當強勁且多元。如果台灣已有逃逸的出口或批判父權的路徑，台灣百合迷群又爲什麼需要消費百合？回到作品本身，即便二〇二〇年代的現今百合類型作品頻繁呈現女同性戀愛慾，但這些女女親密關係又存在哪些看不見的限制？自我認同爲女同性戀的角色與其親密關係，是否有尊嚴地在作品中現身？與此同時，不論性傾向或性別氣質的女女親密關係是否獲得更多自由？

百合類型橫跨百年時空，又從日本跨國傳播進入台灣，並發展出台灣獨有的粉絲社群與在地化創作。作爲亞洲第一個同性婚姻合法的國家國民，台灣百合粉絲的我們在面對上述問題時，需要更嚴謹地思考與閱讀，進而發展屬於台灣的百合文化論述。

＊本文原收錄於《CCC 創作集 Vol.24：百合花開時》（蓋亞，2020 年 4 月），原標題為〈叛逆的百年物語——「少女小說」、「百合」、與「女同性戀」〉。初稿撰寫於二〇二〇年三月，修訂部分內容於二〇二三年二月。

參考資料

1. 赤枝香奈子，《近代日本における女同士の親密な関係》（角川学芸出版，2011年2月）。
2. 《ダ・ヴィンチ2018年3月号》（KADOKAWA，2018年2月）。
3. 遠藤寛子編，《少年小説大系第24巻　少女小説名作集（一）》（三一書房，1993年7月）。
4. 遠藤寛子編，《少年小説大系第25巻　少女小説名作集（二）》（三一書房，1993年11月）。
5. 藤本由香里，《私の居場所はどこにあるの？：少女マンガが映す心のかたち》（朝日文庫，2008年6月）。
6. 井上章一等編，《性的なことば》（講談社現代新書，2010年1月）。
7. 今田絵里香，《「少女」の社会史》（勁草書房，2007年2月）。
8. 川端康成，《乙女の港少女の友コレクション》（実業之日本社文庫，2011年10月）。此作品實為中里恒子撰寫，川端康成加筆、修改完成。
9. 小山静子等編著，《セクシュアリティの戦後史》（京都大学学術出版会，2014年7月）。
10. 久米依子，《「少女小説」の生成》（青弓社，2013年6月）。
11. 牧村朝子，《百合のリアル》（星海社新書，2013年11月）。
12. 牧村朝子，《我從沒計畫成為一個同志》（時報出版，2018年10月）。
13. 嵯峨景子，《コバルト文庫で辿る少女小説変遷史》（彩流社，2016年12月）。
14. 竹田志保，《吉屋信子研究》（翰林書房，2018年3月）。
15. 渡部周子，《「少女」像の誕生：近代日本における「少女」規範の形成》（新泉社，2007年12

月）。

16.《ユリイカ2014年12月号特集百合文化の現在》（青土社，2014年11月）。

17.《百合姉妹vol.2》（マガジン・マガジン，2003年11月28日）。

附錄八

「愛情框架」作為一種困境：關於百合創作的幾點思考

楊双子（楊若慈、楊若暉）

一、從「ＧＬ言情小說」談起

關於「百合」定義的討論，經常必須同時梳理另外兩個詞彙：ＧＬ（Girls' Love）、女同性戀。當前百合最廣義的定義，實際已經包含ＧＬ與女同性戀，而本書《少女之愛：台灣ＡＣＧ界百合迷文化發展史》二〇二三增訂版將研究範疇限定於ＡＣＧ界，對於ＧＬ一詞便主要以日本ＡＣＧ界爲核心進行釋義，兼及華文圈如何透過網路接收與理解。

本文有意以此爲基礎，並根據歷時逾二十年的長期閱讀、創作與研究經驗，再論台灣另一個文化路徑的「ＧＬ」，那就是潛伏於本土言情小說類型裡的ＧＬ小說。

一九九〇年代的台灣，本土言情小說是隨著租書店系統發展而蓬勃發展的文類，它由西洋羅曼史文化工業與瓊瑤一脈傳統言情小說爲兩支主要血脈混血而生，具有快速吸納流行文化與大衆文學類型的商業特徵。一九九〇年代末期，租書店兩大書種一則本土言情小說，一則日本漫畫。時年ＢＬ（Boys' Love）漫畫大量引進，本土言情小說吸收ＢＬ元素催生子類型ＢＬ言情小說之神速，使台灣讀者銘印言情小說敘事公式，導致日本ＢＬ小說失去入場良機，連號稱「日本三大長篇ＢＬ輕小說」的作品《富士見二丁目交響樂團》、《炎之蜃氣樓》、《間之楔》都無力完整翻譯出版。至二〇〇〇年代，多家言情小說出版社開闢ＢＬ小說專屬書系，舊世紀的主流詞彙「男男」、「耽美」逐步退場，「ＢＬ」一詞成爲類型共識。

在「男男」、「耽美」走向「ＢＬ」的詞彙遞嬗同一段時日裡，以兩名女性爲主角開展的單偶制浪漫愛羅曼史也已經稍見端倪。九〇年代末期的言情小說一方面結合日本ＢＬ文化元素催生ＢＬ子類型，另一方面則結合時年盛行的同性戀文學，已經零星可見「女女」言情小說。唯獨相對ＢＬ小說數量龐大，此際的「女女」言情小說屈指可數，風格亦比較雷同女同性戀小說的美滿版本，儘管已具娛樂性，仍然屬於言情小說裡現實感較鮮明的小衆作品。

事實上，ＢＬ子類型的發展之初，也存在結合同性戀文學元素而非ＢＬ元素的「男男」言情小說，只是因著強而有力的ＢＬ文化而迅速轉型，同性戀文學元素徹底遭到棄絕。流風所及，千禧年確立並且爆發的子類型ＢＬ小說風潮，也使同性戀文學元素的「女女」言情小說隨之黯然，最終促使具有娛樂性描寫、回應ＢＬ文化，並且更貼近言情小說公式的ＧＬ小說相應而生。以個人經驗爲例，楊双子之中的姊姊楊若慈，便曾以「若慈」爲筆名，於萬盛出版兩部ＧＬ

言情小說《愛情大混戰》（2003）、《我要的幸福》（2004）。

時間點抵達二〇〇〇年代中期，隨著網路飛快普及，連鎖租書店數量陡然下降，以租書店爲消費核心場域的言情小說帝國遭到重擊。GL小說失去根植空間，尚未眞正生成爲台灣本土言情小說的子類型，便已隨著帝國頹傾而煙消雲散。爬梳前後發展，這支本來可能接起女同性戀文學娛樂化脈絡的GL小說文類，存活時間實際不到十年。

初初萌芽的台灣GL言情小說，日後創作者與讀者大約三分，一則轉向了集合、北極之光等女同志出版社，作品取向是較爲通俗化、娛樂化卻尚未規格化的女同性戀文學；再則轉向中國文學網路平台晉江，此類原創與同人二次衍生創作並存的平台，相對前者更具ACG色彩，通俗性亦更強；或則轉向擁抱彼時新興的百合文化，投身百合會論壇一類動漫社群平台，而這是三者之中ACG次文化色彩與通俗性最爲強烈的一塊。唯獨這批創作者與讀者根基短淺而尚未產生迷群認同，「GL」這個詞彙在百合文化興起之後，自然再無人談及GL與言情小說之間的關聯。

那麼事過境遷二十年，爲何特意回望這段過眼雲煙？——因爲我們認爲，以單偶制浪漫愛羅曼史爲基底的GL小說，其衰亡跟台灣本土言情小說帝國殞滅有同樣的理由，那就是純粹環繞「愛情」主題所打造的敍事框架，在網路世代與分衆市場崛起的新世紀裡，已經無法招睞足夠的讀者了。

二、「愛情框架」形成的發展困境

如同郭如梅前篇文章〈叛逆的百年物語——「百合」、「S關係」與「女同性戀」〉所指出，日本當代百合文化所承繼的類型血脈之一，亦即少女小說的「S關係」，最初是異性戀愛的替代品，亦經常落入鞏固異性戀性別規範的窠臼。難以避免的，依據這個脈絡發展至當代的百合類型，其中一對一的女性親密關係，無論偏重精神性，或者明確描寫同性情慾，實際都複製著單偶制浪漫愛的愛情模式。百合漫畫如池田學志《輕聲密語》、三郎太《citrus～柑橘味香氣～》到森島明子《半熟女子》、仲谷鳰《終將成為妳》不一而足，皆是以純粹的單偶制浪漫愛為主題開展整部作品。

此類「單偶制浪漫愛」的想像，正是當代對於「愛情」的常規預設。而這樣的「愛情」主題作為一種敍事框架，勢必使主角的愛情關係與故事發展同始終。這個框架是雙面刃，一方面精準吸引偏好愛情主題的讀者，一方面則排除所有對愛情主題不感興趣的讀者——必須點明的事實是，純粹愛情主題的百合作品，十之八九無法跨出核心迷群同溫層「出圈」吸收大眾讀者。假設百合文化發展過程裡唯有這一類作品，有限的消費者將帶來文化發展的侷限，很可能百合文化早早因消費生態無從循環而宣告終焉。

前節所述言情小說類型裡的台灣本土ＧＬ小說，正是「愛情框架」帶來困境而消亡的文類代表。言情小說類型的ＢＬ小說相對ＧＬ小說氣長二十年，不只是因爲類型根基穩固，更在於讀者的人口基數遠遠高於後者——依據爲數不少的學術性讀者研究，ＢＬ迷群以異性戀女性爲大宗；而儘管ＧＬ小說的讀者與日後的百合迷群未有完備的讀者研究支持，基於我們的長期田野觀察所得，其核心乃是同性戀女性與雙性戀女性——二者迷群的人口基數比例之懸殊可想而知。

更進一步說，卽使是乍看風光至今的本土ＢＬ小說，也無法逃離愛情框架帶來的困境。本土言情小說作爲前網路時代完竣的文學類型，常態固著於排版字數十萬字而實字數六萬字左右的紙本書形式，僅足夠聚焦一場愛情的圓滿。與此同時，以電話數據機連線網際網路的「撥接上網」模式在二〇〇〇年代中期遭到淘汰，二〇〇五年以後寬頻時代的網路演化與資訊化浪潮，使流行文化以人類此前未見的速度傳播並有機地急遽生成新貌，普遍認知本土言情小說產業遭受租書店與出版產業萎縮的重擊，現實卻是它往後更要接連面臨社群網站、手機遊戲、影音串流平台等商業市場的注意力爭奪戰。這導致六萬字規格的言情小說，於撥接上網時代以前能夠催生現象級暢銷作家，如席絹、于晴、左晴雯、凌豹姿等人，寬頻時代之後卻難以重現榮景。

反觀中國網路女性向愛情小說，於一九九〇年代末期透過大量盜版台灣言情小說習得類型敘事公式，結合文學網路平台發表字數越多越好的商業特質，生成得以在網路世代彈性應變的新興文類。言情小說既有公式「相識相戀—遭遇困難—克服障礙—圓滿結局」，於紙本書六萬字規格之中泰半只能描述主要的一場歷劫，動輒百萬字的網路愛情小說則要不斷在「遭遇困難—克服障礙」過程裡推陳出新，令主角如遊戲闖關反覆歷險晉級，從而拉長並強化主角的成長曲線，甚至形成新的子類型如「宅鬥」、「宮鬥」，比方桐華《步步驚心》（連載始於二〇〇五年）、流瀲紫《後宮甄嬛傳》（連載始於二〇〇六年）、關心則亂《海棠依舊：知否？知否？應是綠肥紅瘦》（連載始於二〇一〇年）等，毋寧說是女性以愛情為名的冒險成長小說。

台灣本土言情小說的消亡殷鑑不遠，而中國網路愛情小說另闢蹊徑換得蓬勃茁壯，共同揭示愛情主題囿於框架侷限，唯有擴充敘事文本的可能性方能尋得生機。併觀郭如梅前文所提及百合文化原生地日本的發展實情，近二十年間國民級的百合類型人氣作品如《魔法少女奈葉》、《K-ON！輕音部》、《魔法少女小圓》、《終將成為妳》、《機動戰士 GUNDAM 水星的魔女》等，當中唯《終將成為妳》特立獨行，此外一概不是愛情主題的作品。凡此種種，皆可供台灣本土百合類型作為路線借鏡。

本書以「象限式百合定義圖」闡釋ACG界「廣義百合」的範疇，亦即從「具有情慾的同性戀情」到「強調精神性的少女友愛」都涵蓋在內。然則百合文化與時俱進，時隔十年的現此時華文圈，百合迷群間也發展出「眞百合」、「輕百合」等辭彙，以女性情誼成分占比多寡進行區分。有意思的是，早年過於明確的女同性戀情慾描寫曾經被排除在「百合」之外，近年則情勢逆轉，部分迷群認爲不夠明確刻畫一對一親密關係的作品不應歸類「百合」，顯示百合定義之爭依然方興未艾。但總體來說，我們應當正視現今ACG界「廣義百合」的範疇已然更爲寬廣：只要存在女性與女性之間的同性情誼，也就是說以兩名女性的關係性爲主題的敍事作品，無論是親情、友情、愛情、一夜情的故事，都可以視作「百合」類型。

假設台灣本土百合類型創作意圖再下一城，成爲更強而有力的次文化，也必須擁抱百合文化內涵擴充以後的多元性現況。直接且具體地說，台灣本土百合文化需要的是以各種各樣的體裁（如漫畫、動畫、遊戲、小說），嘗試各種各樣的主題（如飲食、競技、音樂、露營、偶像），多所取徑其他類型元素（如科幻、奇幻、推理、靈異、歷史）的百合創作者與百合作品；而這些作品需要的著墨是，如何以女性爲主體開展故事，以及女性與女性的關係性如何跟隨著敍事主題有所進展與變化。如此一來，百合類型創作才可能打破愛情的框架，並且同時滿足迷群對女性與女性之間產生「百合關係」的期待。

三、百合類型作品在地化的必要性

當我們討論台灣本土百合類型創作的時候，無法迴避一個尖銳的問題：如果台灣讀者可以進口日本、中國、韓國品質頂尖而且口味殊異的百合作品，那為什麼需要花費時間金錢精力消費正在發展期而且沒有比他國優秀的本土百合作品？難道高舉「台灣價值」、「愛國主義」就可以逼消費者吞下難以消化的在地文化商品嗎？

日本知名遊戲製作人小島秀夫曾經撰書《創作的基因》（2023），指出「創作」與「文化記憶」之間的關係：「不同於生物學基因（GENE），MEME 意指將文化、習慣、價值觀等不斷傳承下去的資訊。故事可說是 MEME 形態之一，文化在訴說、閱讀當中得以傳承下去。正如遺傳資訊（GENE）能透過人與人的連結傳承，MEME 也能透過人與書籍、電影的連結流傳下去。」而編輯加註說明：「現今 MEME 常見的使用語境，是網路迷因，但原始意義如本文後述，是可由模仿而傳遞、轉移給他人的文化記憶。」換句話說，具有代表性的創作最終會構成一個文化內在自我傳遞的共同體基因，而創作者，正是打造這個文化共同體基因/文化記憶的關鍵群體。

就此而言，當日本、中國、韓國的百合類型創作者著眼各自國家內部的社會議題與生命課題，也唯有台灣創作者能夠孕育最符合在地國情需求的百合類型作品，並且可能不斷接力推進他國創作者不一定能夠關注的主題。舉例而言，二〇一九年台灣通過以《司法院釋字第七四八號解釋施行法》爲名的同性婚姻法案，成爲亞洲唯一同性婚姻法制化的國家，必然影響本土百合文化及其類型創作，亦有望在亞洲百合文化圈裡抛擲出全新的性別議題。

這並未意味著台灣百合創作必須處理同性婚姻議題，而是同婚作爲一個象徵，指向台灣置於全球政治之中所身處的光譜位置。台灣ＬＧＢＴＱ（泛指性少數族群）議題一直走在亞洲最前沿，而ＡＣＧ界所存在的次文化性格，更使百合存在著對性別議題衝撞、戲耍與逃逸的空間。

比如台灣三立電視台鄉土劇《世間情》（2013-2015）上演「大老婆愛上小三」的峰迴路轉戲碼，大老婆方思瑤與小三江曉婷之間的「瑤婷戀」，一時風靡亞洲影劇收視圈，更在粉絲風向中播出台灣八點檔鄉土劇螢幕史上第一個女女接吻鏡頭，不久後再獻出第一場女女同性婚禮。以瑤婷戀作爲原始文本，二〇一四年春天舉辦的台灣第一屆百合 Only 同人誌販售會，立即出現衆多瑤婷戀的二次衍生創作如漫畫、小說、海報等，甚至不乏高單價如劇中定情項鍊的周邊商品。而伺服器架設於中國的百合會論壇，也先後出現多帖劇情討論與同人創作。

瑤婷戀的親吻與婚禮作爲里程碑，此前難以置信，此後開啟新局，二十一世紀一〇年代中期以降，電視劇對同性戀情的描繪不再引發群情激憤。儘管電視劇並非ＡＣＧ界所涵蓋範疇，而現實世界也依舊存在對性少數的歧視偏見，但是台灣本土ＡＣＧ界裡的同性愛文本，明顯減少了千禧年前後對於同性戀情之罪惡、歉疚、墮落感等負面描寫，關鍵正是這樣的敘事手法已經顯得陳舊過時。

根據以上扼要地說，一旦百合類型創作者順其自然地貼近百合迷群當前慾求而創作，便等於加入打造迷群文化記憶的行伍。這個以文本構築而生的迷群文化記憶，也將迎來下一代的讀者與創作者，而新生代以此爲地基礎石，再次隨著時代發展更創新更前沿的作品。

此處我們想要特別指出，在這個觀點當中，並不是意味著本土百合類型要強調現實與寫實的「台灣元素」，而是要強調台灣創作者的核心關懷——也就是此際當下我們在意的事情是什麼？什麼命題觸動我們？什麼樣的故事能打動我們的讀者？我們想要透過創作，跟我們的讀者開展什麼樣的對話？

當然，台灣的文化記憶必然深受文化位階較高者影響。當代台灣可謂全球政治駁火角力之下的具體產物，國際地位與文化位階相對低落，因而處處可見近乎遭到文化殖民的局面，流行文化如當前的美國好萊塢電影、日本漫畫、中國電視劇、韓國流行音樂，同樣類型的台灣本土創作根本難以抗衡。儘管如此，仍然唯有台灣本土作品，才能傳承台灣在地最爲核心的文化記憶，觸發唯有台灣讀者能夠產生共鳴的情感。甚至換個角度來看，當性別是新世紀主流的全球性政治議題，而ＡＣＧ界百合文化亦蘊藏性別政治之時，台灣本土百合類型作品的創作，亦應當視爲介入世界的槓桿支點，可望撐開跨國百合文化的前衛視野。

確知百合類型作品在地化的必要性以後。作爲百合迷群的一份子，倘若有意爲百合文化發展添增能量，又可以怎麼做呢？

誠然，本文沒有能力以商業市場實務與經濟學理論分析這個命題，在此僅能就觀察提出呼籲：百合文類的發展基礎至少需要三類人，即讀者、創作者、評論者。讀者是一切的基礎，人口基數越高則越有助文化存續。最熱衷消費百合作品的核心迷群，有一部分人會進而以「推坑」、「傳教」等行動向外傳播文化，而其中又有部分人會更進一步開展各種可能形式的創作，成爲創作者或評論者。如此這般，以讀者作爲基礎，再行生產與傳播百合作品，吸納下個世代的新讀者，如此代代遞嬗，最終就能形成百合文化的有機生態。

所以具體來說，有心的百合迷群能夠做的事情，是從讀者的位置再往前走一步。發表讀後心得，任憑是寥寥數語的文字、短影片或者發起交流會、讀書會；參與創作，無論是同人的原創二創或者商業創作；發展各種體裁的百合類型創作，不分插畫、條漫、頁漫、動畫、遊戲、小說、論述；加入研究者的行列，不拘業餘評論性文章、統計數據、讀者研究、學術論文。這一切的努力，都會化作文化的肥料，有助綻放下一朵百合花。

至於本土百合類型作品應該要長成什麼模樣？但凡有新生迷群加入，百合文化的定義、路線之爭便永恆難以避免。現時台灣本土百合類型已見萌芽，正進入成長期，本土百合作品的整體面貌，很可能就在二〇二〇年代這段成長期內確立。然而，網路上月經周經或者日復一日的相關筆戰，無法眞正動搖本土百合的發展路線，在漫長的文化史上也難以留下痕跡。眞正介入文化現場最有力的做法，其實是投身商業市場——成爲創作者，或者成爲評論者——直到一個或者一群現象級的創作者與作品誕生，敲下這個世代的定音之鎚。這也是百合文化在地化的必經之路。

四、台灣本土百合創作的類型道途

以上論述，可說是我們以專職百合小說創作者與資深百合文化研究者的身分，試圖發掘的台灣ＡＣＧ界本土百合創作長遠發展之可能路徑。重點有二，首先必須避免落入「愛情框架」主題帶來的困境，其次是盡可能投身商業市場，生產唯有台灣人能夠創造的本土作品。

討論類型作品時，台灣ＡＣＧ界至今依然大致跟隨文化原生國日本的腳步發展，二次元獨有的風格相當強烈，不分體裁的漫畫、動畫、遊戲，無論涉及明確的同性戀情慾描寫，或者主題具備高度寫實性，但凡以二次元形式發表，便自然歸類爲「百合」。當中唯獨已經納入ＡＣＧ界範疇的百合類型小說，狀況比較複雜。

在台灣，一九九〇年代風起雲湧的女同性戀文學，與二十一世紀發軔的百合文類，原本來自兩個不同的脈絡，前者是嚴肅文學，後者是ＡＣＧ界次文化，卻在新世紀發展過程中混爲一談。事實上，這是女同性戀類型的通俗化、娛樂化轉向未臻成熟之時，遭到ＡＣＧ界次文化騎劫的後果。如若二〇〇〇年代女同性戀文學的通俗化轉向成功，理論上應該就會以「ＧＬ小說」爲名成爲新的文類。

暫且按照這個假設，那麼「女同性戀文學」、「ＧＬ小說」、「百合小說」三者本質上的差異是什麼？以核心概念來說，一九九〇年代以降的「女同性戀文學」處理的是女同性戀者個體的身分認同與生命經驗；具備通俗娛樂性的「ＧＬ小說」，則是女同性戀取向的一對一單偶制浪漫愛羅曼史故事；「百合小說」著墨（通常也是一對一的）女性與女性之間的同性情誼與關係性，卻並不以女同性戀者的身分與經驗作爲必要條件。

就此而言，「女同性戀文學」與「ＧＬ小說」在女同性戀取向上存在重疊性，「ＧＬ小說」與「百合小說」在一對一的角色關係性上有所重疊，然而「女同性戀文學」與「百合小說」之間則缺失交集。假設本論點成立，便一定程度可以說明百合迷群爲什麼可能同時消費「ＧＬ小說」，卻只有極少數可能同時消費「女同性戀文學」。

——不過，現實世界中的發展是，無論學術圈或者商業市場，「女同性戀文學」、「ＧＬ小說」與「百合小說」至今都是邊界不明、混淆不清的狀況。這種情形所帶來的實際困局，就是使得不同類型的讀者同樣深陷迷惘。比如女同性戀文學的讀者，依然希冀閱讀探索女同性戀者社會困境的作品；GL小說的讀者，偏好相對無負擔的女同性戀之間的羅曼史故事；百合小說的讀者，期盼看見兩名女性之間隨著關係變化而彼此成長。然而當三種文類失去邊界，也將會失去文類的核心讀者。

容許我再深入討論這三個文類。

以「女同性戀文學」脈絡來看，女同性戀者的身分認同議題固然在一九九〇年代已經走到巔峰，但可以處理的生命經驗仍然有開展空間。隨著同性戀婚姻法制化而來的收養子女、人工生殖、跨國婚姻、家庭親族關係等議題，至今仍有待挖掘。

一九九〇年代作為前網路時代，彼時的女同性戀讀者閱讀女同性戀文學未必基於對嚴肅文學的愛好，而是因為此乃探索與理解女同性戀的唯一管道。當網路興起以後，認識女同性戀者的管道大增，原本具備「認識女同性戀者為何」此一功能性的「女同性戀文學」自然聲勢下滑。此時，其中對於娛樂性類型文學有所愛好的女同性戀讀者，如果有意持續閱讀女同性戀主題作品，該何去何從？答案正是「GL小說」。

「GL小說」作為女同性戀取向的羅曼史類型作品，合理說最能滿足女同性戀對於娛樂性愛情小說的需求。結合女同性戀文學與羅曼史小說兩種路線的作品、也就是原本有機會誕生為言情小說子類型的「GL小說」，固然已經隨著言情小說文類的沒落而夭折，但是近年觀察，卻有一絲血脈流向網路文學平台。

以「POPO原創市集」爲例子，這個二〇一二年由城邦出版集團原創出版部成立、預設正體中文字發表的圖文創作平台，二〇二二年度報告最受讀者喜愛的類型是「百合」。儘管標舉爲「百合」，多數作品依然自我加註爲「GL」，而且從二〇二〇年度報告影片來看，編輯部口語上也將這個類型稱爲「GL」。就這樣說來，雖然因著「百合」詞彙的外溢，使得這些敘事公式更接近羅曼史小說的「GL小說」遭到貼皮成爲「百合小說」，但這個平台上的「GL小說」核心讀者，多半很清楚自己想閱讀的「GL（百合）」類型，與ACG界的「百合」有所差異。

那麼，ACG界的「百合小說」如何自外於「GL小說」呢？坦白說，以台灣的現況，只要釐清「女同性戀文學」與「GL小說」的邊界，「百合小說」也自然能夠出現界線。甚至可以這麼說，在「女同性戀文學」與「GL小說」邊界之外的，但凡描寫女性與女性之間同性情誼的作品，無論創作者或故事主角是否存有同性戀認同，都可以視爲「百合小說」。並且既然不受限於羅曼史關係，也更有機會運用不同類型元素，如懸疑推理、科幻奇幻、成長冒險、歷史時代、穿越重生等，述說更多樣化的主題故事。

從而進一步說，「百合小說」與其強調女同性戀的愛慾關係，不如著墨女性與女性之間包括羨慕、嫉妒、眷戀、憎恨、崇拜、競爭等樣態各異的同性情誼。這意味著「百合小說」是處理女性作爲女性，如何與另一個女性產生（通常是一對一的）獨特關係。同時也意味著，「百合小說」不是處理「女同性戀者」的個體議題，而是處理女性這個「性別」的群體議題。如此一來，「百合小說」容納更多讀者的可能性就上升了。

上述種種，皆奠基於「女同性戀文學」、「GL小說」、「百合小說」的分流爲前提。小衆文化盛行的當代，ACG界百合文化比起囊括以上三者，不如精準地分衆行銷，才有機會讓目標讀者持續消費而使文化存續。

正由於三個小說文類的混淆之勢仍然難分難解，我們透過本文試圖爬梳釐清，寄望的是使今日台灣以動畫、漫畫、小說爲主的ACG界百合文化輪廓更加明晰，也令百合迷群更容易找到合乎需求的消費目標。

時值百合文化傳播進入華文圈將屆二十年之際，願台灣百合文化奮進下一個十年。

參考資料

1. 小島秀夫，李欣怡譯，《創作的基因：書籍、電影、音樂，賦予遊戲製作人小島秀夫無限創意的文化記憶》（大家，2023年1月）。
2. 楊若慈，《那些年，我們愛的步步驚心：台灣言情小說浪潮中的性別政治》（秀威，2015年2月）。
3. 巴哈姆特編輯部，〈網路閱讀平台「POPO原創」創作者年會圓滿結束　耽美、百合作品成關注焦點〉（2022.12.17）：https://gnn.gamer.com.tw/detail.php?sn=242796

國家圖書館出版品預行編目資料

少女之愛：台灣ACG界百合迷文化發展史　2023年增訂版/楊若暉（楊双子）作. -- 初版. -- 臺北市：蓋亞文化有限公司, 2023.09
面；　公分

ISBN 978-986-319-942-7 (平裝)
1.CST: 次文化 2.CST: 文化研究 3.CST: 動漫

541.3　　112013364

文選 ES005

少女之愛：台灣ACG界百合迷文化發展史 2023年增訂版

作　　者　楊若暉（楊双子）
協　　力　楊若慈（楊双子）
特別協力　郭如梅
封面插畫　星期一回收日
封面設計　莊謹銘
責任編輯　楊岱晴
總 編 輯　沈育如
發 行 人　陳常智
出 版 社　蓋亞文化有限公司
地址：台北市 103 承德路二段 75 巷 35 號 1 樓
電話：02-2558-5438　傳眞：02-2558-5439
電子信箱：gaea@gaeabooks.com.tw
投稿信箱：editor@gaeabooks.com.tw
郵撥帳號 19769541　戶名：蓋亞文化有限公司
法律顧問　宇達經貿法律事務所
總 經 銷　聯合發行股份有限公司
地址：新北市新店區寶橋路二三五巷六弄六號二樓
電話：02-2917-8022　傳眞：02-2915-6275
港澳地區　一代匯集
地址：九龍旺角塘尾道 64 號龍駒企業大廈 10 樓 B&D 室
電話：+852-2783-8102　傳眞：+852-2396-0050
初版一刷　2023 年 09 月
定　　價　新台幣 420 元
Published and printed in Taiwan

GAEA

ISBN 978-986-319-942-7

GAEA

GAEA